困境与突围：核心素养视角下初中语文教学策略研究

宋全丽　著

北京工业大学出版社

图书在版编目（CIP）数据

困境与突围：核心素养视角下初中语文教学策略研
究 ／ 宋全丽著 . — 北京 ： 北京工业大学出版社，
2021.10重印
　ISBN 978-7-5639-7051-3

　Ⅰ . ①困… Ⅱ . ①宋… Ⅲ . ①中学语文课－教学研究
－初中 Ⅳ . ① G633.302

中国版本图书馆 CIP 数据核字（2019）第 236440 号

困境与突围：核心素养视角下初中语文教学策略研究

著　　者：宋全丽
责任编辑：李　艳
封面设计：点墨轩阁
出版发行：北京工业大学出版社
　　　　　（北京市朝阳区平乐园 100 号　邮编：100124）
　　　　　010-67391722（传真）　　bgdcbs@sina.com
经销单位：全国各地新华书店
承印单位：三河市元兴印务有限公司
开　　本：710 毫米 ×1000 毫米　1/16
印　　张：11
字　　数：220 千字
版　　次：2021 年 10 月第 1 版
印　　次：2021 年 10 月第 2 次印刷
标准书号：ISBN 978-7-5639-7051-3
定　　价：45.00 元

前　言

　　语文核心素养这一概念一经提出就受到了教育界的广泛关注，其对于学生的发展有着重要的意义。尤其是在初中语文学科方面有着非常关键的指导性作用，对于提升初中生知识水平、道德水平意义重大。核心素养的发展与内涵范围较广，没有明确的定义，这种情况下如果盲目开展核心素养教育，有可能造成核心素养教育盲目化、歧途化，反而会对学生的发展造成一定的困扰。

　　当一体化思想难以解决某一问题时，可以对其进行分解来确定具体的执行方法与指导思想。本书将初中语文核心素养教学分解为文言文教学、写作教学、古诗词教学、名著阅读教学四个部分，分别指出了其在核心素养视角下存在的问题。通过具体的问题来确定最终的解决策略，在改革优化过程中需要遵循一定的原则。初中语文核心素养的原则涉及了开放性、个性化等多项原则，只有在这些原则的指引下，才能够保证不偏离最终的教学目标。本书还提出了能够实际应用到教学之中、切实提高学生核心素养的策略。这些策略主要围绕着核心素养之中的问题而展开，并不是一味强调教学过程的深刻性与丰富性，而是强调将课堂还给学生，力求能够让学生自己理解、自己运用、自己提升。这种以培养人文素养、提升语文技巧的教学才是核心素养视角下初中语文教学要实现的最终目标，也是提高我国国民综合人文素质的关键路径。

　　本书系 2016 年度河北省教育科学研究"十三五"规划课题"基于核心素养的初中语文教学困境及突围对策研究"（课题编号：1602017）的研究成果。

　　为了充实研究内容，笔者在写作过程中参考了大量理论与研究文献，在此向涉及的专家学者表示衷心的感谢。最后，由于笔者水平有限，加之时间仓促，本书难免存在疏漏和错误之处，在此，恳请同行专家和读者朋友批评指正！

目　录

第一章 初中语文核心素养概述

作为初中比较重要的一门学科，语文的重要程度是非常明显的，关于语文的各方面改革也在不断进行中。核心素养是最新的初中语文改革的一大方面，应引起有关人员的重视。本章主要对初中语文核心素养的定义、内涵及其特征进行逐一说明。

第一节 初中语文核心素养的定义

所谓核心素养，其大都是为满足社会需求而存在的，同时兼具自身的发展特点。核心素养的判定不但与社会的需求有关，而且受到不同国家文化习俗的干扰，理解上存在的偏差也会导致核心素养的差异性。我国教育部门对于不同阶段的学生所要达到的核心素养有着明确的规定。

一、素养的定义

素养一般指的是个人在学习、工作及生活中表现的其具备的知识水平、对应的技术能力、对待他人的态度和思考方式等方面的高低情况。素养与素质是不同的，二者存在较大的区别，素质受到遗传因素影响较大，但是素养则主要是通过后天的培养形成的。由此可知，素养的高低是与个人后天的受教育程度、学习情况等息息相关的。个体在经过一定程度的学习、练习后能在较大程度上提高其个人素养。素养的具体分类也有很多，如艺术素养、文化素养等。素养的等级分类是较明确的，每级素养又可细分为很多层，所处的层次不同就导致了个体差异化的存在。对于个人的素养评价常常只是关注个别的层次，而对于整体的关注程度不足，对于不同等级间的权重分配也关注不到位。

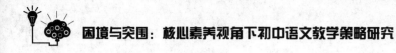

二、核心素养的定义

所谓核心素养，其重点在于核心，每级素养的关注重点是非常明确的，不同素养间的关系权重也有着明确的界定。核心素养对于不同等级的权重限定都进行了确定的标示，每层间的等级区分是非常严格的，对于素养的等级一般分为重要、基础、核心、必需、关键等。不同等级中所包含的内容在每个国家的规定中也存在着不同之处，这不但与国情有关，而且受环境、社会背景、文化传统等的影响。

核心素养的定义是在 2008 年 6 月举行的亚太经合组织会议上发展而来的，会议指出，进入 21 世纪以后，学生要具备的核心技巧和能力至少应包含批判性思维、创新能力、分析及解决问题的能力、终身学习的能力、团队合作能力、自我管理及自主学习的能力等。核心素养就是在核心技巧和能力的基础上发展而来的。

在这之后，欧盟开始对核心素养进行深入的研究与分析，同时为核心素养的内容框架的构建指明了新的发展方向。欧盟将核心素养总结为个体在社会中发展、进步及工作、生活时应具备的知识、技术及态度的聚合，具体的可分为母语、外语、数学与科学技术、信息、学习能力及创新精神等几方面。经过对比可知，欧盟的核心素养要较传统的基本技能与学习能力更具可迁移性。不同国家对于核心素养的表述也不同，在亚太经合组织、欧盟及澳洲核心素养用 key competencies 表示，而在韩国则表示为 key competencies 或 critical competencies，在新西兰其则表示为 key competencies、essential skills，在英国称其为 key skills，在法国称其为 core skills，在德国称其为 basic skills。虽然不同的国家对于核心素养的表述存在差异，但是其本质是相同的。

教育部在《教育部关于全面深化课程改革 落实立德树人根本任务的意见》（以下简称《意见》）中指出，学生的核心素养对于其自身的发展及社会的发展都是必不可少的，是个人品格的代表及关键能力的体现，其重点强调的是学生的个人修养、社会关爱、家国情怀等，同时关注学生的自主发展，团队合作及创新实践等能力。核心素养关系着学生的整体发展，其能力的高低对于学生的日后发展也是十分关键的。《意见》对学生核心素养的重视程度非常高，将深入改革作为重点工作，对于各年级、各学科核心素养的体系及标准有着相关的规定，以此来提高教学的质量，确保对人才的培养能取得预期的效果。《意见》对于不同学习时段的学生核心素养的发展情况有着区别的对待，同时对于不同的学科在核心素养方面的培养也有着不同的标准，在进行实际教学的过程中要根据不同的学生进行有针对性的能力培养。

三、初中语文核心素养的定义

我国于 2016 年公布了有关学生核心素养课题组的研究成果，同时确立了核心素养目标及框架体系，由此开始了核心素养研究的新征程。2018 年发布的《普通高中语文课程标准》（核心素养版）对于高中语文的核心素养内涵进行了明确定义，这使得高中语文课程的教学在核心素养的要求下进行了教学目标、教学内容及教学方法方面的改革。这对于语文核心素养的教学来说是非常重要的进步，为其他阶段的语文核心素养的教学方法提供了新的发展方向。九年义务教育中，初中语文是非常重要也是非常特殊的一部分，因此对于其核心素养的教学研究是十分关键的。在对其进行定义时不但要结合知识体系，而且要综合学生的身心发育情况、学生思维水平的区别性共同考虑，为此有关学者进行了深入的研究。

第二节　初中语文核心素养的内涵

语文在人们的生活中发挥着重要的作用，也是促进社会发展的必要工具，人们之间的交流需要语言，学习需要通过文字来解释知识，等等。同时语文又是一种文化，是社会规则和风俗习惯形成的基础，是人们认识世界、感受世界的窗口。因此，语文是有多层含义的，沟通使用的语言、说明性的文字、表达思想的文学、展示社会形态的文化，都属于语文的范畴。正是由于语文海纳百川的包容性，初中语文的核心素养内涵目前并没有唯一的定义，存在很多种观点。

一、对初中语文核心素养的基本认识

初中语文作为语文学科中的一部分，其核心素养在概念上具有一致性。尤其是在教学目标与教学范围方面，是语文核心素养的一种具体化。

（一）等同语文素养

部分学者认为初中语文核心素养和语文素养的含义是等同的，其体现了语文素养的灵魂，也是语文素养最精华的内容。这个观点充分表明了初中语文核心素养对于提高学生语文素养的重要性。语文素养是现代学生提高自身综合素养需要具备的素质之一，对于学生的学习以及价值观的形成有重要意义。核心

素养是为提升综合素养服务的，也是语文教学中需要秉承的教学目标，是语文教学在具体实践中顺利落实的保障。

（二）等同三维目标

部分学者在看待语文学科核心素养时，认为其与现代素质教育的三维目标是等同的，也包含了价值观、能力以及知识这三个方面，相比三维目标，核心素养的三个方面是三维目标的强化和综合体现，表现为核心价值观、核心能力以及核心知识。教育部门重视培养学生的核心素养，其目的是增强学生的综合能力，使其成为德智体全面发展的人才，而不是高分低能的考试型人才，综合性人才需要具备丰富的知识、强大的能力以及与时代相符的正确的价值观。语文核心素养的内在含义虽然与三维目标是相通的，但是并不能完全替代，而是有自己独特的含义。语文学科核心素养是教学的主要目的，更是教学的过程和内容，而三维目标更多强调培养目标。

（三）内涵的转化

语文是一门综合性很强的学科，文字是语文的基础，语言是语文的架构，文学和文化是语文的灵魂，这几个方面使语文具有了丰富的思想和高贵的品格，赋予了语文蓬勃的生命力。文字组成语言和文章，语言构成文学，文学体现文化，语文就是这样在循环中不断进步和发展的。传统语文教学就是较生硬地让学生掌握字和词，忽视了语文在实际中的作用，以及蕴含的精神文化对学生综合素养提升的重要意义。在新时代教育改革背景下，语文素养的核心由机械性地背诵语句转化为对语言的实际运用，从对词语含义的正确理解和表达转化为交流，从这个意义上来说，语文学科核心素养又包含了人们的交际、生活的审美、社会文化的感悟等，语文核心素养的内涵范畴再次被拓宽。初中语文学科核心素养的培养需要以语文素养为基础，还需要与素质教育中对知识、能力和价值观的培养目标为基础，不仅要重视语文基础知识的学习和基本技能的掌握，还需要在学习过程中找到科学的方法，通过知识建立正确的情感和观念。初中生处于由不成熟向成熟过渡的年龄阶段，这个时期对于学生思想观念的培养是非常重要的，语文学科核心素养的更大价值在于从传统的语言学习转变为对知识的运用，这对培养学生各方面的能力以及综合素质是有帮助的，能够促进学生的全面发展，迎合了现代教学的目标，在育人目标方面与小学、高中建立了承上启下的关系，完善了核心素养的培养体系。

二、初中语文核心素养的内涵范畴

教育部为了规范、完善教学体系，以社会发展的人才需求为导向，提出了教学的新任务，即在教学中加强培养学生的核心素养，并为此制定了专用的语文教材，如《普通高中语文课程标准》一书，其内容充分体现了对学生核心素养的要求，用实力和行动证明了这一教学目标的可行性和必然性。虽然这本教材针对的是高中语文，但是其中的很多观点可以在初中语文中得到体现，只有这样才能完成初中到高中的顺利衔接。书中对语文核心素养的价值进行了充分的描述，认为其是语文素养最关键的内容和要素，也就是说，语文素养包含了核心素养。教育部对语文素养的要求是在教学期间要引导学生掌握语文基础知识和学习语文的方法，培养学生的爱国思想，指导学生养成良好的学习习惯，使其具备读写能力和交际能力，能够熟练使用母语，更要通过语文中的文化熏陶，提高学生的素质修养和审美情趣，培养他们独立健康的人格和品质。通过语文素养的内容我们可以了解，语文素养不仅要求充分掌握基础知识，还需要掌握学习语文的方法以及运用语文知识的能力，如写作、阅读、交流等，同时完成对优秀文化的传承，在学习中塑造健全的人格，提高审美素质。核心素养是建立在语文素养基础上的，研究人员对此给出了多种解释。

谭有利将初中语文核心素养分为八个层面：一是思想感情，如爱国主义、对传统文化的热爱等；二是语言积累，主要是在阅读和平时的交流过程中对语言意义的把握和使用；三是思维品质，指通过学习语文提升自己的思维能力，建立良好的品格；四是基本方法，科学的方法能够激发兴趣，减轻学习压力，提高成绩；五是学习习惯，如课前预习、课外阅读、复习等；六是基本能力，指对语文知识在实际生活中的运用，如写字、识字、阅读、交流等；七是运用能力，主要是对语言的正确运用；八是语感，主要通过大量阅读来提高。这种说法虽然比较全面地解释了核心素养的内涵，但是缺乏核心内容，没有形成有序的框架，在实践中难以获得理想的效果。部分专家认为初中语文的核心素养有六个层面：知识（基本知识的掌握）、积累（知识的丰富和拓展）、技能（对语言的运用能力）、习惯（对学习和身心有利的习惯）、文化（高尚的品格以及正确的观念）以及修养（得体的言谈举止）。但是，这个观点与目前义务教育对语文素养的要求相较有些片面，没有包含对学习者人格的提升以及爱国品质的塑造，显然是不够全面的。

在众多的观点中，顾之川对初中语文核心素养的解释更为客观，他将其概括为四个方面：首先是基础的语文知识，这些知识是学习语文要掌握的最基本的内容，也是提高其他层次的基础，包括文字、文学审美以及人文素养等方面的知识；其次是对语言的运用能力，包括对汉字的认识和理解、书写和阅读的能力与表达能力，表达分为口语的交流以及书面的写作等；再次是良好的习惯以及有效的方法，如课前预习、早睡早起等；最后是思维能力，包括想象力以及思考力、创新思维等。这个观点比较突出地表现了语文的特性，构建的体系也比较清晰，是目前被大众认可的观点。

本书中所指的核心素养是指能够适应复杂环境的能力，不局限于特定的环境、学科以及人群，而是在任何情境对任何人都适应的素质，是普遍的、包容的一种素养。在重视初中语文核心素养的培养时，不能脱离语文素养这一基础，需要迎合社会发展对人才的需求导向。因此，结合顾之川的观点以及我国学生的发展方向，初中语文核心素养的内涵可以分为三个方面。第一个方面是对语言知识的掌握和运用。学生通过课堂学习以及社会实践不断地积累语言材料和经验，掌握语言的知识并了解文字的特点以及规律，在生活的各种情景中熟练地、恰当地运用语文知识进行听、说、读、写的能力，实现有效的交流。第二个方面是语言的审美能力和创造能力。语文知识不断积累和运用就会形成具有个体特色的经验和对文字的审美观念，能够对文字艺术有欣赏的能力，如鉴赏诗词、诗歌等。在审美中培养学生的思维能力，如批判性思维、创造性思维等，通过提升思维能力增强对语言的认识和创造，从而使语言内容更加丰富。第三个方面是文化的感悟。语言本身就是一种古老的文化，学习语文就是要了解这种文化、认同这种文化、传承这种文化。语文的内容不仅包含了语言形成过程中的文化，还包含了各个领域和世界各地的文化，通过学习和感受能够拓展学生的视野，增强对本国文化的热爱，培养民族自豪感和自信心，建立多元化的观念，能够容纳异国文化并从中吸收对我国文化发展有利的精华部分。这三个方面是初中语文核心素养的集中体现，通过对这三个方面的强化，培养学生对本国语言的热爱和理解以及运用，增强学生的审美能力和思维能力，从而实现对学生综合素质的提升。

第三节　初中语文核心素养的特征

初中语文核心素养与初中语文不同阶段以及不同学科的素养相比都存在一定差别，这种差别主要体现在三个方面：基础性、动态性以及终身性。

一、基础性

语文作为一门语言学科，也是对培养学生综合素养有重要影响的基础学科，语文的基础性是学科核心素养的一大特征。中华民族几千年的悠久文化就包含在汉语之中，汉语是我们的母语，也是我们思考问题、解决问题的一个重要思维工具。要学好其他学科，也需要坚实的语文知识作为基础，基础教育阶段的学科教育，难度不大、形式多样，学科的教学质量更是受到学生语文能力的直接影响，如果学生连应用语言和文字的能力都难以掌握，其他学科的学习也就很难进行。

二、动态性

动态性是语文核心素养之一，语文能力的培养不是一蹴而就的，需要学生在课堂教学以及日常生活中逐步提高和培养，而核心素养的形成过程，也是学生语文能力不断提高、知识和技能日益丰富的过程，在这个过程中，学生也会逐渐形成民族自豪感和热爱祖国文化之情。教师也要认识到，培养学生的语文核心素养，应该分阶段、分层次进行，学生的核心素养在不同的教学阶段会有不同的特点，随着教育活动的开展，学生的语文核心素养也会得到发展和提高。

三、终身性

对学生语文核心素养的培养，关键在于让学生获得语言知识和审美能力，对中华民族文化有更加全面和深入的认知，同时还要具备一定的语文思维能力。语文核心素养的培养还应该与时俱进，紧随时代发展脚步，因此终身性也是语文核心素养的特点之一。学生具备了语文核心素养，就会对后续学习乃至终身学习产生影响。

第二章 核心素养视角下初中语文教学困境

现阶段，核心素养视角下的语文教学发展仍然存在着诸多问题，为了能够细致地分析这些问题的来源，笔者将初中的语文教学大致分为了文言文教学、写作教学、古诗词教学、名著阅读教学四个部分并进行了深入分析，指出了阻碍核心素养发展的各种问题。

第一节 核心素养视角下初中文言文教学困境

文言文由于内容晦涩难懂，不符合现代文学的语言模式，初中生对其并没有过多接触，因此大部分学生在学习文言文的过程中都会存在一定的障碍。而核心素养之中，文言文应该作为我国传统文化的导向性内容，使得学生既能够体会到我国民族文化的博大精深，也能够从中学习古人的高尚品格。

一、文言文教学之中存在的问题

在核心素养视角下，文言文的教学目标相较于以前发生了变化，因此教学之中的诸多问题也逐渐显现出来，尤其是在教学目标、教学内容以及教学方法方面，传统的教学模式难以适应优化以后的教学理念。

（一）教学目标的定位有待提升

当今教学环境下，部分语文教师在教学时对文言文的教学目标存在着两种误区：重文轻言和重言轻文。有30%的教师认为，在初中文言文教学过程中，其目标应该是提高学生的语言运用能力和文学素养，而70%的教师认为初中文言文的教学目标是提高学生的语言运用能力。通过观察教师在课堂的授课过程，发现教师经常把文言文上成文言文知识课，具体的表现包括：依据课下的注释对文章进行串讲，对文章的每个字、每句话进行翻译落实，并在串讲时穿插语法知识讲解。如此一来，文言文就成了文言文知识和语法知识的讲解，导致了课程的枯燥无味。另一种误区是重文轻言，有60％的教师认为提高学生的文学素养是初中文言文教学的目标。在新形势的教学环境中，素质教育和人文教育被大力提倡，在此基础上，教师在进行文言文教学时把重心放在了文章的文化内涵、人文、文章的情感态度等方向上，忽略了学生对文章的大意理解。由于脱离了文章的理解基础，导致了学生情感共鸣的缺失。

一些语文教师在进行教学目标的制定时，忽略了对学生能力的训练。在了解过程中，15％的教师认为初中文言文教学的目标是提升学生的思维能力，35％的教师认为培养学生的审美鉴赏能力是文言文教学的目标。在实际教学过程中，教师认为提升学生的能力就是对学生进行文言文中的语文现象、文化现象和文学常识等知识的灌输，并辅助一些练习题的检验，但学生的理解分析过程被省略掉了，学生只是对文章的结论性知识进行了学习，分析能力未能得到有效锻炼，阅读欣赏的自主性和思维能力没能得到提升。教育学家叶圣陶先生曾经有过一句总结，"教是为了不教"。这句话表明了教育的目的之一就是为了培养学生的学习能力。为了达到提升学生能力的目标，教师在进行授课时，应当注意对学生全面能力的培养，培养学生的个性意识，提升其思维能力，增强批判意识。

（二）教学内容的选择存在偏差

分析相关调查的结果可知，教师在进行文言文的教授时对其的定位大多是考试用的工具，因而在教学时没有将其作为一篇作品进行品读和赏析。70％的教师在进行教学内容的选定时是依据考试大纲和教材教参，教学的模式是应试教育模式，考试内容是什么教师讲什么。此种结果导致了课堂是为了文言文的知识教授进行的，例如，针对文章中的语法，在进行语法知识的讲述时，摘出一个句子中的语法部分进行解说，重点讲述语法的应用，而不是把整个句子进行理解，分析其内涵的意境、意思、情感等。进行语法应用讲述时，将文章中的语法反复进行讲解，目的是在考试时能够正确地解答题目获得高分，为了达到这一目标，要求学生对需要背诵的文章进行反复背诵，强化记忆。此种局限性的教学把目标直接定向到了考试，忽视了文言知识的应用，由于文言文的文学性、文化性不在考试的要求之内，因此被教师有目的地遗弃，但是文言文中所包含的文化知识、文章内涵、文章表达的作者志向以及传统的思维方式正是学生学习文言文的意义所在。

在教学过程中，为了吸引学生的注意力，一些教师会利用大部分的时间来对文章的背景或文章中的某一个点进行知识的扩展，结果语文课成了历史课，本节课的重点内容却在课堂上所占篇幅不大，甚至对有的知识一带而过。这种教师把课堂时间主要用来做与教学目标无关的知识的扩充，便是教学内容的宽泛现象。这种宽泛的教学使语文文言文教学成了故事课教学，学生偷听了一节课的热闹，而文章的文学知识却没能获得多少。教学的单薄是指讲课内容浅显，侧重了文章的文学性而忽视了人文性。通过调查发现，50%的教师以对文章的大意梳理为侧重点，35%的教师以语法和重点字词为侧重点。在文言文教学过程中，其主要内容为把握文章大意，掌握重点字词，这使学生的知识获得量少，知识面受到限制，无法获得文章中包含的其他方面的知识。文言文是一类工具性语言，学习文言文的基础是掌握文言字词，但是在实际学习过程中，它不单是一种语言工具，还含有人文方面的知识，当在教学时一味侧重文言文字词的翻译而忽视文章本身的内涵美时，教学的文言并举就成了一句空谈。因此在实际教学时，教学内容的设计要能够包含语言层面的知识，还需要使学生能够掌握文言文的文学性和其中蕴含的文化方面的内容及内涵。

（三）教学方法的运用不够成熟

现今新课改的观念已经被人们普遍接受，各种新形式的教学方法也被教师们积极地运用，改变了传统的讲授式教学方法，丰富了课堂的教学方式，活跃了课堂气氛，调动了学生的积极性，提高了教学的效果。朗读法、讨论法、多媒体应用教学等新型教学方式方法在文言文教学上得到了较好应用。但是在实际教学过程中，教师们对于教学方法的认识不足，对教学内容的考虑不够完善，导致在运用新方法时与内容结合不良，教学效果不理想。部分教师对于教学方法的创新过于关注，而教学的内容肤浅无意。在使用教学方法时，教师要能够把方法与实际进行创新结合，不能只流于表面。一位教师在进行《陋室铭》教学时，对作者进行了介绍，然后就让学生朗读课文，通过朗读活跃课堂气氛，但是由于读之前教师没有引导学生，朗读的目的没能达到预期的教学要求。要保证朗读的效果，教师要对学生进行充分引导，使学生在读的过程中完成对文化的积累，借此陶冶自己的情操并使自己的语感得到丰富。串讲是教师们讲课时经常使用的一种教学方法，在这种教学方法中教师的主导性得到了展现，但是学生的主体性未能发挥作用，成了"填鸭式"教学，学生被动地一味接受，挫伤了学生的积极性、主动性。这一教学方法不能有效帮助学生进行思维能力和自主学习能力的提高，使学生对文言文学习失去兴趣。

（四）教学评价不科学

对教学效果的检验主要依靠的就是教学评价，因此要提高教学评价的科学性，以确保其能对教学情况做出公正合理的评价。教学评价还能在很大程度上帮助教师掌握教学的情况及学生的学习情况，能及时明确教学过程中存在的有待改进之处及学生在学习过程中普遍存在的难点、重点，以便对教学方法进行调整，从而提高学生学习成绩。在对文言文教学效果进行评价时，存在着很多实际问题。首先是对内容的评价。过分关注学生的学习成绩，对文言文工具性、人文方面的评价程度不足，导致很多教师仅对文言文的字词意思及语法知识进行深入讲解，而对于作者的情感寄托及文章的内涵讲解不充分，造成学生对文言文的学习仅停留在文章的表面字词意思，而对于文章用词的美感、情态学习则深度不足。其次是评价形式过于单一。现阶段的评价大都是通过考试的方式进行的，且考查的大多是对文言文当中字词及句子的翻译，考查范围非常狭窄。这种评价形式明显只能对学生基础知识的掌握情况进行考查，而对于学生对文章内容感悟及美感、艺术性的感受是无法进行评价的。由此可知，此种评价方法仅对学生的学习结果进行了评价，但是对于学习的过程及在此期间对文学的感悟及体会是无法充分表现出来的，其评价方法过于单一，不能充分体现学生的学习成果。最后是评价的主体过于单一。初中阶段对于学生学习情况的评价主体都是单一的，其基本是以教师为主，而学生只是作为次要的因素。这对于学习的主体——学生而言是非常不合理的，因此，为提高教学评价的有效性，就要改变这种只以教师为主的评价形式。

二、初中文言文教学情况研究

现阶段的初中文言文教学情况有很多需要改进的地方，为此，一些专家学者及教学人员进行了大量的工作，但是实际效果却不尽如人意。这种结果虽然与文言文的年代及历史背景有关，但很大程度的原因仍是现代人的努力不足。为有效改变这一情况，本书对文言文教学情况进行了深入分析，以此来寻找这其中的原因并从中指出科学的应对方法。

（一）对教学意义缺乏认知

大部分初中语文教师对于文言文的教学意义都存在认识不充分的问题，其主要教学目的是完成规定的教学任务。我国教育部门颁布的《义务教育语文课程标准（2011 版）》中对于初中文言文的教学目标规定为：诵读古代诗词，阅读浅易文言文，同时能利用注释和工具书对文章内容进行正确的理解，重视对方法技巧的积累、感悟及运用，提高自己的欣赏品位。由此可知在对文言文进行教学时不但要让学生对文章进行诵读并理解其意义所在，而且要重点培养学生对于文章的积累、感悟及运用。在实际教学过程中，很多教师对于文言文的教学只是对学生的语法知识及字词翻译能力进行了一定程度提升，而对于学生的语言表达能力及对古文的鉴赏能力的提升都存在不足之处，无法有效提高学生的语文素养，更无法有效地对我国的优秀汉语言文化进行传承。由此可知，初中生学习文言文的目的不单是考试时取得好成绩，更多的是在一定程度上提升学生的语言表达能力及对文学作品的艺术鉴赏能力，同时学习并传承我国优秀的传统文化知识，将我国传统文化中的精髓发扬光大，而这也从侧面促进了学生的全面发展，促进了社会整体的发展进步。

（二）对教学情况尚待了解

在教学方面，教师对情况的掌握不充分一般分为两种，一种是对文言文的教学内容掌握不深入，另一种是对初中生的阶段性特殊情况掌握不准确。对文言文的教学内容掌握不深入主要表现在教师在教学过程中大都是依照以下顺序进行：首先对文章的写作背景进行说明，其次对作者要表达的意义进行分析，再次对文章的翻译情况进行讲解，最后对文章的主旨进行总结。这种教学方式会导致学生所学习的知识受到限制，教师主要是对文章的字词、语法及个别语句进行讲解，而对于文章的内在含义则讲解不到位。初中语文教材中的文言文都是非常具有代表性的，不但用词精美，而且都有着深刻的含义，如《陈太丘与期》《论语十二章》所讲述的是关于个人修养方面的内容；《岳阳楼记》《醉翁亭记》体现的是爱国的情怀；《桃花源记》则寄情于山水；《爱莲说》则是托物言志等。每篇文章都有其独特的韵味，在教学过程中要加强对文章内在含义的关注。有数据表明，只有不到两成的教师曾对教材中的文言文进行过深入的分析与研究，并总结出了有针对性的教学方法。因此在进行文言文教学时，为有效提高教学水平，则要求教师认真地对文章内容进行研读，同时细致地分析教材，对文章内容有更深入的理解，对其中的教学难点及重点要格外关注，在进行实际教学的过程中要提高对这些内容的重视程度。

初中生作为一个特殊的群体，有其自身的学习特点。教师要加大对其特征情况的把握，以此来为学生制定具备针对性的学习计划。但是在实际教学过程中大多数的教师对于学生的情况关注程度不足，包括学生学习成绩的区别性，学生的学习兴趣及其自身具备的学习经验等。初中生在学习文言文时不但与其理解能力及原有的学习经验有关，而且与学生的学习兴趣也有着很大的关系。

尤其是学生的学习经验，包括语文的学习经验及文言文的学习经验，这些都会对文言文的学习情况有着较大的影响。而教师在教学过程中要充分利用学生在此方面的优势来达到提高学生学习水平的目的。基于此，教师需要对学生的情况进行深入了解，以此来制定出有针对性的教学方案。而在实际教学过程中大部分教师只是根据自己对教材的理解来进行教案的制定，而后根据教案进行相关内容的讲解，对于学生的接受情况及学习情况关注不足，这样不但无法取得良好的教学效果，而且也会出现教师在教学方面付出很多，但学生的学习效果并不理想的情况。而文言文学习本身就具有一定程度的枯燥性，若教师不能有效调动学生的学习积极性，则很容易出现学生不能认真学习的情况，进而影响学习成绩。因此教师在进行教学方案制定时不但要结合教学任务，而且要考虑学生的实际情况，以确保教案能真正发挥其实际作用，促进学生的学习发展。

（三）教师水平有待提高

教师的水平对于教学效果起着关键性的作用，所以要想提高初中文言文的教学水平，则要求教师首先具备较高的文言文素养。但是在实际教学过程中，很多教师自身的文言文素养还有待提升，不仅对文言文的阅读量不足，仅阅读过《诗经》《论语》《史记》等较为著名的作品，而且理解程度也存在不到位的情况，不能深刻体会文章的真谛。这对于文言文的教学造成了很大的阻碍，会导致教学过于功利化，无法从根本上提高学生对文言文的表达及理解能力。因此，为提高初中文言文的教学水平，首先要提高语文教师的文言文素养，提高教师自身的水平，使学生能在教师的影响下从心理上热爱文言文，提高对文言文的学习积极性，进而提高教学效果。教师在进行文言文教学时，不但要引导学生主动地对文言文知识进行探索，而且要提高学生的学习兴趣。教师不能再延续传统的教学方法，要积极引进新的教学模式及教学方法，增加自身在文言文方面的知识储备，以此来顺应时代的发展，带动学生共同对文言文知识进行学习与研究，进而提高对文言文的教学水平。

三、核心素养视角下初中文言文教学目标的定位

在我国的传统文化中，文言文是最常见的载体，在文化的传承和发展中，文化、文学、文章、文言四个要素是相辅相成、互为补充的关系，共同促进了我国传统文化的传承与发展。当前我国文言文课程的教育目标单单限定于文言文层面是不够的，还要实现包括文化、文学、文章三个方面综合参与的教学方式。在语文课程标准条件下"借助古籍中的一些笔记、注释和字典对简单的文言文

和古诗词进行知识的掌握和理解，并提升学生对古文字的欣赏能力"是现代文言文教学的方向性目标。文学性和文化性是文言文的重要特点，其主要体现在文言文的"言"字上，具体又体现在多个层面上，如文言文思维方式、特定的文化含义、民族精神等，都在文言文的教学内容当中有所体现。促进学生的思维能力，批判意识和审美，培养学生一定的阅读技巧，使其全面发展是语文核心素养的内容。对中学生来说，学习文言文可以使学生的思维回到古人的年代，通过对古人语言的学习，提高语言表达水平并理解古人的思想，提高审美和思维水平，进而感受到我国优秀而深刻的文化，继承和发扬民族精神和优良的传统美德。因此，让学生理解文言文教学中"文"与"言"的关系，以此来制定教学目标，才能使学生真正学到文言文的精髓和文化内涵，进而提高教学质量，促进我国教育事业的发展。

（一）内容与表达形式的结合

当前的文言文教学中，授课老师最关注的是如何加强学生对"文"和"言"的理解，无论是教学还是学习，如果没有对此问题有充分的理解，极容易走进文言文课程的误区。其主要表现为忽视了"文"与"言"的结合，而偏重于学习其中的一方面内容，部分教师在进行教学时一味注重文言文的诵读，甚至要求学生通篇背诵。相反的，还有一部分教师则比较注重对文言文的理解教学，认为古人所表达的思想与抒发的情怀是学生学习的重点。这种偏见也就导致了文言文的教学效率低下，致使当前的文言文教学需要重新定位自己的教学目标和教学方式。

1. 通过文言字词了解文章主旨

文言文学习的第一个难点是语言和写作，因此教师指导学生消除语言障碍，使其成为主要的教育目标。课程标准要求是比较浅显的，能借助词典、注释阅读懂文言文就行。但是，文章内容不只是需要通过传统解释、翻译句子、理解语法来进行教学。对文言文学习的目标，应根据文章的内容进行设置。例如，如果古文字与现代含义略有不同，此时学生可以通过参考书和课堂笔记自行解决，则无须专注于对全文释义方面的教学。目标应该是学习关键词，以理解文章的内容，要做到这一点，教师必须充分学习教科书，结合学校现有条件，并设定文言文的教学目标。例如，在指导《记承天寺夜游》时，教师可以将教学目标定位为"查询写作背景，识别关键词，进而加深对文章内容的理解"，因为这篇文章较短，理解起来也比较简单，可以使用课堂笔记和字典、词典等工具来加深对文章含义的理解。在课堂上，学生已经有了理解文章关键词的基础，教师只要引导学生理解文章总体意思和作者的思想就行了。比如，在该篇文章中，"闲"这个字就是全文最关键的一个字，学生自己通过注释理解了"闲"字的字面意思后，结合教师讲解内容就很容易体会到作者所要表达的感情。在课堂上，教师只需要专注于讲授作者苏轼在当时的心境即可，作者当时仕途不顺，被朝廷贬黜，但是此时游玩体现的是作者开朗豁达、乐观积极的心境，如此一来，学生对文言文的学习效果就提升了。

2. 在学"文"中带动习"言"

在学习文言文的过程中，教师逐个给学生解释关键词的意思，这种教学方式也是不合理的。首先教师一定要把文言文当成普通的文章来授课，让学生体会在概念方面普通文章与文言文的区别，这样学生才能理解这种概念功能，即文章中的概念功能。语言学习是一个累积的过程。俗话中有"字不离词，词不离句，句不离章"的说法，"文"的积累，是"言"的理解。如果将文言文的教学目标定位于对文的理解，如果只是注意学习单词并且不重视对文章思想和情感的理解，那么学习的效果当然是南辕北辙了。因此，教师在建立教学目标时应该处理"文"与"言"之间的互相影响的关系，并应根据教学情况有选择地制定文言文的教学目标。在学习《陋室铭》这篇文章时，可以延续以往的教育宗旨，以"反复把握文章内容，在理解主要概念基础上进行阅读"为主进行教学，这样文章的总体意思就很容易通过反复阅读的方法来理解。总之对于这样的文章，学生将能够专注于内容和关键词的使用，如"之""也"等虚词方面，是必须要反复诵读文章内容并加深理解之后才能明白其用法与意思，而不是说单个解释其意思之后再对文章意思进行掌握。

（二）通过语言练习提升思维水平

"人类的本质力量在于人的思维能力，知识、经验、思想和技能的形成、传承，都离不开思维能力。"语文核心素养四个维度之一就是思维的发展与提升，所以语文学科也必须注重培养学生们的思维品质和能力。在《义务教育语文课程标准（2011 版）》的总体目标与内容中也提出，要在发展语言能力的同时发展思维能力。学生通过阅读能够对作品进行比较分析并能表达出自己的观点，能用批判性思维审视作品，从而形成对文学作品的认识，形成自己的看法和观点，从中提升思维能力。初中阶段正是发展学生智力和建立思维逻辑的黄金时期。因为这个阶段的学生思维比较活跃，求知精神和探索精神都很强烈，想象力也比较丰富，创造欲望也比较强烈，且喜欢标新立异，常常会有新颖独特的思想和看法。在语文的学习过程中，常常表现为对某一篇作品或某一人物会有自己独特的思考和领悟。而文言文因为距离我们现代社会已经久远，对于一些经典的文章，也自然会有不同角度、不同方面的多种解读，这也正是思维活动的过程。所以在核心素养视角下，文言文教学应该体现出让学生在学习文言文中提升和发展思维品质的目标。

1. 批判思维的发展

培养学生的批判性思维能力是非常关键的，因此教师如何看待文言文和批判性思维的培养，对学生的学习效果和教学目标的制定有很大影响。文言文距离现在年代较久远，因此当下进行文言文的教学时存在较大的难度，尤其是在对文章内容的理解方面和对文章作者当时的内心想法方面的理解难度较大。文言文逻辑清晰，可以锻炼学生的批判思维能力，尤其是其中丰富的意象，对学生的想象力培养意义重大。这种教学方法有益于增强学生的思维能力，培养了批判意识，丰富了教学素材与策略。因此，在建立文言文教育目标时，教师应注重培养学生的批判性思维能力。以学习《桃花源记》为例，在设计文言文教学的目标时，要以文言文的内容为中心。教师可以站在古人的角度分析其心理，让学生想象桃花源中的安逸生活：他们生活在桃花源里，始终过着自给自足的生活。这是一个理想中的生活环境，这里没有剥削和压迫，人们生活得悠然自得。另一方面，这种桃花源生活的存在反映了这种理想主义，无法看到外部世界的发展的变化。当学生了解了这两点，加之培养学生批判性思维的目标，这样一来，教师在这篇文言文教学中的主要目标就更科学了。

2. 创造性思维的发展

国家和民族的发展需要强大的创造力，创造性思维是国家、民族发展的重要组成部分，它能为国家、民族的发展提供无限的驱动力。为了适应现代社会发展的需要，必须注重教育和培养学生的创新思维，因此现代社会对创新人才的需求也在不断增加。语文教师一般都会将作文和现代文本阅读课当作教学的重点，而对于文言文教学的重视程度很低。在中国文言文教育中，教师和学生往往更喜欢遵循"权威"的文学作品，在这样的课堂上学生的参与性非常低，形成教师"独奏"的上课模式。在这种模式下，学生创造力的发展会受到非常严重的限制。事实上，现代中国的一些词语或语言大多是以古代中国的语言为基础演变而来的，包括中国古代语言的演变过程，离不开这种创造性思维。因此，在研究某些文言文作品时，学生应尊重个人阅读体验，培养学生的创造性思维。教师的使命是激发学生在文言文学习目标中的创造性思维，促进学生创造性思维的发展。以《伤仲永》的学习为例，我们可以根据教学的文字内容设置以下问题："以文本内容为基础，从现代的角度来看，仲永为什么会'泯然众人'"，通过教师对内容讲解，让学生自己体会仲永的情感，并通过一定的文字形式进行表达，进而锻炼学生语言领域的创造性。

（三）通过欣赏文学作品提高审美水平

"所谓的审美能力表示的是在审美活动中做出审美判断和形成美的形象的心理能力，包括审美感知，想象力，欣赏和创造力。"文言文是我国传统文化的基本元素，积累了古代人的思想感情，是具有较高价值的审美资源。此外，教科书选择的文言文都是一些质量非常高的作品。如果课堂之上能够充分利用这些文言文资源，探索文言文中所包含的审美资源，不仅能够在很大程度上提升自身对文言文的审美能力，还会提高自己学习文言文的积极性，更为主动地对文言文的内容进行深入分析，努力寻找古文中的美，从而达到文言文教学的目的。

1. 培养审美意识、情感

我国学生目前普遍缺乏对文言文的审美能力，由于古文的理解难度较大，多数学生将重点放在对文章内容的背诵和理解上，而不会深入地体会文章的情感。正是由于学生不以审美的角度对文言文进行学习，才造成很多学生学习古文的兴趣不高和效率低下的学习现状。文言文的质量和美感都体现在文章语言或思想内涵上，还有一些暗示人性的历史人物和事件。兴趣是最好的老师，提升学生的审美能力，可以帮助学生在学习过程中发现文言文的魅力，这会在很大程度上提高学生的积极性，对于文言文教育来说有着很大的帮助。但是，文言文学习的审美与欣赏风景、音乐不同，其更重要的是体会文章内容中的情感。以《醉翁亭记》为例，单从文字表面看，甚至句子结构等方面，其并不具备太多的美感。但是句子所表达的内容却引人深思，这就是文言文的美。例如，"醉翁之意不在酒，在乎山水之间也"，在深刻体会"醉翁"情感的同时，会不由得想到山水的美，甚至会有效仿"醉翁"于山水间畅饮的冲动。

2. 培养审美鉴赏力

审美能力的提升，对于现代的教育体制来说，其帮助非常大，在文言文学习过程中，一方面可以培养学生的审美能力，另一方面，对于培养学生的文学素养来说也有很大的帮助。大多数学校通常更重视应试教育，学生几乎没有时间阅读课外文言文，这就造成了学生的文学能力较为低下的情况。而审美能力是判断力的升华，是从平凡中发现不平凡的一种修养。这种修养的提高需要通过不断阅读才能得到锻炼。读万卷书，行万里路，在大量的阅读过程中，人们提升的不仅是自身的文学知识基础，通过对他人著作的阅读，还可以实现与古人的交流。在文言文的阅读中，可以通过对古人在语言表达上的特点以及文章内容，深入体会作者的情感。在这个过程中，学生的修养也会潜移默化地得到提升，无论是审美能力提升还是从心灵上的感悟，都能得到很大成长。

例如，通过对《爱莲说》的学习，学生可以了解莲花的象征精神，从而发现阅读之美。它不仅培养了学生创作美的能力，也提高了学生的文学修养和自我发展能力。因此，在核心素养方面，有必要将培养学生的审美能力作为文言文教学的目标。

3. 学习优秀传统文化

《义务教育语文课程标准（2011版）》（以下简称《课标》）总体目标是"认识中国文化的丰富和学习现代文化生活的管理，在尊重不同民族文化的基础上，体悟和学习其内含中的智慧，品味优秀文化中的滋味。"继承和发扬是推动民族文化发展的核心，其要求学习从不同的民族文化中汲取的优秀的、更适合自己的部分，并且以民族传统文化为基础进行创新，以此来丰富原有的文化内容。同时，在继承和发扬的过程中，也是自身的文化底蕴得到积累的过程，进而提升自身的文化底蕴和个人修养。由此可知，在学习文言文的学习过程中，可以通过这些内容对我国的古文化进行了解和积累。通过对古文的学习，品味古人在语言表达上的技巧，体会古人的情感，能够透过文言文，了解当时的文化特点。研究古文化的过程，也是对现代文化进行丰富和提炼的过程。

4. 加深文化的积累

在积累文化知识的同时，也从思维角度，使自己对文言文的欣赏水平得到提升。语言是承载古文化的载体，因此，利用对古典汉语中关键词的研究可以丰富学生的文化积累。另一方面，由词语组成的语言具有多元化的古代文化特点，包括物质文化和精神文化。通过这种方式，学生可以了解古代文化情境以及古人的思维方式。换句话说，语言是原始文化的一部分，同时也是文化交流的承载者。学生在语言学习中可以积累一些文化知识，提高他们对自身文化的认识，这也是文言文教学的目标之一。在古文的表达内容中，如《琵琶行》中对古人乐器文化的表述、《将进酒》中李白提到的酒文化、《出师表》中古人忧国忧民的思想等，都是古文化中非常有价值的部分。此外，这些著作在文字的应用和语句的表达上也独具特色，具有非常高的艺术价值，其文字本身就是文化的体现。

通常来说，书本上选取的文章内容不仅在文章本身的质量上有非常高的要求，对于文章所表达的思想更有严格的控制。对于文言文的学习而言，一方面要有教师的指导，另一方面，教材上的文章都是精挑细选过的，能够非常充分地展现古文美的一面。对于提高学生对古文化的兴趣有着非常好的积极作用，同时也为学生提供了一个很好的机会来了解我国传统文化。文言文对于学习文化遗产、了解古人的品质、培养文化认同、继承和发扬这种精神有着很大的积极作用。因此，文言文教育的发展方向是以学生鉴赏为主，教师指导为辅的模式。同时，文言文有着悠久的历史，学生要以文言文的学习为媒介，更多地了解和接受中国传统文化，并在对其进行弘扬的过程中，培养学生对祖国文化的热爱，提高民族文化的信心和认同感。学生学习古代文化知识和文化常识是不够的，必须认识到传统文化精神，进一步继承和传播文化。例如，学生在以文言文学习的方式了解古文化的同时，还要对古代官方文化、历史人物的精神以及事物的象征意义等有一定的了解。

第二节　核心素养视角下初中写作教学困境

在实际教学中，写作教学存在许多问题，这是由于教师对写作教学要求的理解存在一定偏差。因此，我们必须重新构建课程的要求，揭示初中写作课程的问题，并提出未来教学调整的方向。

一、初中阶段语文教学对写作的要求

对于初中的语文教学来说，写作能力的培养是非常重要的一部分，因为其不仅在考试中所占的分数较高，从某种程度上来说，写作能力也是体现语文学习质量的一种形式。写作能力不仅要求学生掌握丰富的文学知识基础，还要有一定的文学创新能力、语言组织能力、语言表达能力。同时，写作还能充分表现学生的书写能力，可以说，写作是语文学习能力的综合体现。

（一）了解不同文体类型特征

当学生学习写作类型时，首先要了解文体类型的特征，理解不同文体写作的一般规范，然后根据写作文体的基本要求进行创作。对于初中写作来说，以议论文为例，通常文章都需要在总—分—总的文章格式要求下展开写作，而且一般在开头阐明文章观点，随后加上几个不同类别的论据，结尾还要再次强调自己的论点，并对全文进行总结。这与说明文、记叙文等在写作结构上有非常

大的区别。同时，初中生的年龄较小，经历不多，其写作素材大多来自课堂背诵以及课下自己的拓展阅读，而且初中教师一般会明确区分不同文体的写作要求，对某一种文体的结构等进行较为严格的要求。这其实是有弊端的，因为多数学生会严格按照教师的要求来学习，这就会在一定程度上限制学生的创新意识。除此之外，其他不同文体在素材和格式上都有自己的特点。

1. 将现实作为写作的对象

这种形式的写作主要是记叙文。除了日记，教师偶尔也会让学生练习写记叙文。因为记叙文虽然结构简单，但是其对学生的表达能力和创新能力有着非常高的要求。初中记叙文的素材特点是"源于生活，高于生活"，即以学生在生活中的体会和遇到的事情为写作素材，加以对现实的提炼和修饰，充分发挥自己在语言表达方面的能力进行写作。当学生的写作与生活分离时，有可能陷入了"虚构"的误区，违反了写作的基本要求。在实际的教学中，有位教师在公共课上曾让学生读了一篇名为《记着回来，我们一直在》的学生作文，这篇文章虽然在表达能力等方面都很优秀，然而该学生坦白说这是其为了写作而编的故事，教师以此来鼓励和告诫学生，虚假的事再美好也不是现实。在写作时应该以现实为基础，通过自己的表达来以实际经历传达真实的情感。

2. 在文章的写作上充分运用叙事、抒情等基础表达手法

学习这些基础表达手法对于促进学生写作有着重要作用。对于写作内容来说，无论其以人物描述为主还是以事件的叙述为重点，这些基本的表达手法都是非常重要的。在叙事和写人的文章中，都要以自然故事的展开为情感的承载方式。如"记一次课外活动""记一次上学"等写作主题。学生要真实经历这些事情，并如实描述诸如此类的事件，在叙述过程中，运用恰当的表现手法，提升对事件细节和人物情感的表达效果。一篇写人的作文，除了要对人物细节进行详细描述和充分表达外，对事件有关内容的描写也是必不可少的。只有通过对事件以及事件中人物的动作、语言等的描述，才能充分表达人物情感，使人物角色的表现更丰满。相对的，一篇叙事的作文，也离不开对人物角色的描述，利用抒情、描写等表达手法充分展现事件中的人物形象，可以使事件的叙述更流畅，情感的表达更丰富。

3. 强烈的主观感受

就议论文和说明文而言，其强调评论和辩论对语言的追求，作者对语言的思维表现更加合理、严谨和准确，逻辑表达性较强。相比之下，记叙文则具备一定抒情特点，是具有强烈主观感受特征的文学体之一。这种主观感受来自生

活经历，表达了作者真实的内心思想。因此，书面主观感受必须是真实的。如果是这样，学生写作时能够虚构吗？答案当然是不可以的。与小说作品不同，学生写作需要以学生对实际事件的理解和判断为基础，以语言的表达技巧和表达形式为手段，将真实事件及人物特点生动地以文字的形式进行刻画。这对于学生来说，其实是在素材方面进行了一定的限制，一方面是对学生语文学习能力的考核，另一方面也是在锻炼学生的表达及写作技巧的运用能力。小说大多供人消遣，内容中存在虚构的部分是为了提升情节的趣味性。而记叙文是为了表达某一具体的事件，一旦其人物特征脱离实际，就不会传递出学生内心的真实情感。当然从某种程度上来说，小说也是文学家通过体验生活以及结合自身经历创作的作品，并不算完全脱离实际。总而言之，记叙文是以学生的真实经历为写作基础的，可以适当地对人物性格和事件的细节进行突出和细微修改，但是一旦严重脱离真实事件，就违背了写作能力培养的初衷。

（二）了解当前教学标准

《课标》提出了写作教育的总体目标。《课标》并没有按照不同文体的写作风格来制定教学目标，但是其所制定的写作目标中包括了记叙文方面对学生的培养要求。依据记叙文的格式和写作特点，我们可以从中提炼出《课标》对初中记叙文写作的要求。

1. 总体目标和要求

对于整体目的和内容的标准，可以《课标》中提出的标准为基础，结合记叙文的写作特点进行细化。第一，要求学生必须清楚简明地指出并表达他们的观点、意图和想法。基于此，学生首先要做的就是回忆自己在生活中的经历，以自身所掌握的写作技巧及表达手法将自己的所见所闻以文字形式清晰表述出来。第二，要求学生熟练掌握教学目标中的表达方式并灵活运用其进行写作，那么学生在写作过程中，就要有意识地运用所学的表达手法，在写作中锻炼自己的表达能力。第三，要求培养和提升学生书面语的使用能力。因此，学生要深入理解书面语和口语的区别以及其不同的应用范围，并在写作的同时对此进行注意。

2. 特定部分的学习要求

在《课标》所规定的四个学段中，对不同阶段提出了不同的要求，相较第一、二、三学段来说，最后一个学段（7至9年级）是要求最多的，其对应标准也是最高的。对学生的写作要求包括三个主要方面。第一是观察的要求。学生具有很强的观察能力，能够发现生活之中的美，并积累更多的生活资料。《课标》中的每个阶段都有对学生观察能力的明确标准和要求。在最后一个学段中，针对学生观察力的要求为"学生在学习中需要从多角度对实际事件进行观察，始终抓住事物的特征"。这一规定强调了对学生观察能力的培养深度、坚持细节等要求。第二是语言和思维技能的要求。基本步骤是需要通过文章的书写，以分段表达的形式对自己的内心世界进行描述。学生表达能力主要体现在语言运用技巧和思维组织模式两个方面。在初中阶段，《课标》对学生语言表达能力的要求也较高，并且从语言技巧的运用和思维技能方面都设立了明确的标准。学生需要深入理解不同语言技巧的表达效果，并且具备不同形式语言的组织能力，进一步提升自己的表达能力。第三是情感表达的要求。小学"写作"和"说话"的目标要求学生表达自己的感受，并且能够将自己的真实情感以合适的语言表达出来。而中学阶段的标准则有明显的提高，学生要在表达自身情感的基础上，对实际事件有自己的思考和见解，并能够通过语言和写作等方式充分表达出来。

（三）了解语文学科的核心教学标准

语文能力的核心素养要求是实现学生全面发展的培养，是语言教育所必需的文化能力核心领域的总体目标。语文培养的核心标准，一方面要求学生在学习课本知识以及课外阅读的过程中提升自己的文学知识基础，培养个人文学素养。另一方面要求学生语文学习的过程中，增强对语言和事件的理解能力以及表达能力，进而促进自己文学素养的全面发展。就写作来说，学生在写作的同时，对自己的语言表达能力能起到非常好的锻炼效果，能够提升自身对语言的组织能力和语言表达技巧的应用能力。快速的语言组织和表述能够锻炼学生的思维速度，提高反应力，推动了其自身思维能力的进步。而学生在课外阅读的过程中，通过对与不同场景相结合的各种形式语言表达的学习，能够增强自身在面对各种生活情况和语句内容时的理解能力，更准确地体会不同人物角色的感情活动，进而提升自己的判断力，对于日常生活中自身能力的进步有很大帮助。写作是一种语言技巧的运用，学生应该热爱自己的语言、热爱写作，并对优秀的中华传统文化进行继承和发扬。为实现上述目标，教师必须从教学目标、课程和评估开始，在课堂教学实践中培养学生语言表达能力和关键读写技能，在向学生传授知识的同时，培养学生的自主能力。

1.核心素养的教育目标

语文课程的核心素养能力培养是语文的总体目标。在理解这一教学目标的同时，促使写作教育坚持正确的教育方向。中学写作教育的要求给出了教师接受写作教学后学生需要达到的目标，这些教学标准形成了教学活动的基础。在实际教学中，写作教育存在许多问题，这是由于多数学生对教师写作教育要求的理解存在一定程度的偏差。因此，我们必须重新构建课程的要求，揭示初中写作课程的问题，并提出未来教学调整的方向。然而，语文学科的核心培养任务是一个普遍而广泛的概念，核心素养涉及的四个方面既有明显的重点又密不可分。为了在实际写作课中能够满足有关要求，教师必须根据不同年级的学生成长水平制定作业标准并规划核心学习计划。在此基础上，教师应根据不同的写作类型特点制定相应的教学计划，进一步完善核心素养培养目标。通过建立写作课堂模式以及教学目标，实现提高学生核心素养的要求，促进学生的整体发展。

2. 以语文核心目标为基础的培养模式

对于语文教学而言，写作能力的培养是提升学生语文核心素养的教学重点，因此课堂的教学模式要以此为基础进行设计。对于具体的写作培训活动的安排，教师要兼顾学生能力发展和教学重点来进行合理规划。就写作教学而言，审题能力是展开写作的前提，只有准确的立意，才能保证写作内容不跑题，而学生对语句和情景的理解和判断力是审题能力的基础。教师在学生审题能力的培训过程中，一方面要通过科学的指导来矫正学生的思维模式，另一方面还要加强学生理解能力的训练，即引导学生以正确的思维进行大量的阅读，让学生深入理解以文字形式描述不同情景的特点。在写作能力的培养过程中，逻辑思维能力和表达能力是另一个教学重点，其注重的是学生语言构建能力的实现以及语言表达能力的提高。虽然在学生写作能力培训的过程中，要分阶段从不同基础能力的锻炼开始，但是只有提高其各项能力的协调性，才能从根本上促进学生全面发展，进而实现语文核心素养教学的目标。此外，写作课程的发展应遵循一定的原则。基础较差的学生在写作时往往存在表述片面、难以全面把握写作重点的情况，教师既要帮助学生理解清楚写作细节，又要从作文的全局进行详细阐述，让学生能够深入体会提升写作质量的重点。

3. 核心读写能力下的教学评价

教学评价侧重于教育目标的完成度。以学生作文的质量作为主要的评价标准，通过对其语言的运用以及内容的分析，不仅需要评价学生的写作能力，还要对学生在语文学习过程中的核心素养发展水平进行评定，并以评定结果作为语文教学的参考，科学地规划接下来的教学目标和培养重点。对优秀的学生的教学应以锻炼和提高为教学重点，帮助学生在写作实践中对语文教学的核心素养进行更为深入的理解，从学生思维角度和综合能力的培养上加强训练。而对于相对写作水平较低的学生，则要以基础的练习和对语言的运用及理解能力为教学重点，不断夯实其基础能力的同时，寻找学生在语文学习上的突破点，促使其进步。家校合同共同对学生进行评价对于学生的发展有着良好的促进作用，因此由教师、学生自己和家长组成评价小组非常重要。在进行评价的过程中，教师应该作为评价的组织者，将其自身与学生以及家长紧密结合，共同开展评价工作。教师根据多方的评价得出学生的实际水平，并将其与学生及家长分享，让学生了解自身的水平，家长能够配合教师进行教学的家庭延伸。在此过程中，学生的语言、思想、美学观念元素均可以作为评定的标准。核心素养发展存在明显的个体差异，教学评价的方法必须依据不同学生的特点及能力基础来进行。评价还可以指定与核心素养有关的能力的评价表，制定表格时要仔细分析学生的不同特点，使得表格具有实用性、针对性。对比不同时期的学生评价表的得分，可以对学生的核心能力发展情况进行更全面评估。

总而言之，在语文教学方面，不能以单次测试或者写作水平为最终评价标准，教师必须在日常教学生活中结合对学生在语言能力和应对各种情况时的表现的观察，搭配其考试成绩以及写作质量，对学生进行综合的、全面的评价。其次，评价的目的不应是评价本身，而是为了了解学生在教学过程中对知识的掌握程度及个人能力的发展情况，进而制定有针对性的培养措施来帮助学生更好地发展。

二、初中阶段写作教学存在的问题

（一）写作教学教材有所欠缺

1. 作文教材系统性差

对于语文教学来说，由于其内容丰富，不得不将中学语文的知识点分布在不同的教材当中。但是现阶段的教材在写作培养上并不系统。就写作和表达能力的培养来说，其需要按照一定的程序，分阶段进行培养，循序渐进，一步步提高学生的能力。但是当前的教材在对写作知识要点的分配上并不均衡，而教师又需要按照教材来对学生进行阶段性的教学，导致学生在写作的学习过程中并没有按照写作能力提升步骤进行，存在阶段性难度较大、超出学生理解范围和接受能力的情况。语文的学习，虽然知识点非常多，但其又是一个整体，不能完全分散式学习。语文知识点在教材中的分布不系统，是造成学生的学习过程不能按照一定顺序循序渐进的根本原因。

2. 作文教材缺乏一定的关联性与逻辑性

教学单元在组织形式上不符合渐进式的学习规则，对变化和难度的考虑不够全面。如第六学期的学习着眼于"写作和口头交流"的教学：第一个单元是创建场景，结合场景对知识点进行更深入的理解；第二单元则是对情感表达方式的学习，以练习写信的形式提高学生表达情感的能力；第三单元又变成了对议论表达方式的学习；第四单元以古诗的仿写为训练目标；第五单元则更为侧重学生阅读能力的培养。对于一本教材来说，从第一个单元到最后一个单元，是以时间的递进顺序进行学习的，相对应的，也应该以学生能力的提升为教学顺序，但是实际的教材中并没有按照这样的顺序来安排，学生在学习过程存在较大的跳跃性，这对于学生能力的提高造成了很大的不利影响。

3. 重阅读、轻写作的教材编制

现阶段的语文教材在内容的编制上依然是按照传统的语文教学理念，对于阅读的重视程度过高，严重忽略了培养学生写作能力的重要性。对于语文教学来说，其阅读和写作培养所占的比重一直是争议的主题。因此，教材的编写往往以阅读为基础，写作能力教学在教材中的体现并不明显。事实上，语文作文教学的目标是写作技能训练，注重阅读和写作，提高语言技能，应该是阅读教育体系改革的突破口。

4. 缺少辅导材料

当前与写作技巧和写作理论有关的作品有很多，但大多数都是基于理念，采用素材选择、专家评论和方法指导的格式进行编写，真正对写作技巧的总结却非常少。学生可以从这类作文辅导材料中阅读大量的作文，但是很难从中学到真实有用的东西。有的出版社甚至单纯地为了经济效益，很随意地从网络上选择一部分作文，再搭配一些笼统的写作技巧，整理成一本辅导材料，而对于所收录作文的质量并没有进行严格审核。这种读物不仅不能给学生带来实质性的帮助，甚至可能会对学生造成一定的误导，让学生误以为这就是高水平的文章，进而效仿这样的形式进行写作。

（二）学生写作模式化

大部分教师注重引导学生在写作教学中表达自己的真实感受，并注重培养学生的写作思维，而少部分教师则专注于写作技巧。然而，教师普遍认为学生写作模式化严重且缺乏真实性。这就造成了教师的教学未达到预期的教学目标，学生写作中存在的问题仍然十分突出。

模仿是大多数学生写作的开始。在写作的发展阶段，许多学生以优秀的模仿能力学习写作技巧、写作模式。但过多的模仿，很容易限制学生写作的想法。大部分学生倾向于结构性的写作，即按照一定的逻辑对所写内容进行分块，然后进行填充式写作。例如，某种记叙文的写作模式是倒叙，首先把事情结尾的一个影响深刻的片段或者人物的某句话作为开头，其次则是对事件的前因后果进行叙述，最后结尾再以抒情的方式，对事件结局和影响进行描述，表达作者的"亲身感受"。这种写作模式也就是大多数同学所理解的"虎头—猪肚—凤尾"，也是很多同学在写记叙文时常用的写作格式。这种写作是一种应试的写作，造成这一现象的原因主要包括两方面：一方面是因为考试判卷时，教师没有太多时间阅读作文，将评分重点放在开头结尾；另一方面则是因为这样的写作模式很容易吸引读者，教师在记叙文的教学中也以这样的文章格式作为学生写作的模板，让学生进行练习和模仿。长期以来，学生在表达方式和情感抒发等方面有了固定的写作格式，甚至特定部分的句式也有模板，这对学生的思维模式造成了非常大的限制。在写作时，不知不觉就会按照这样的模式来展开写作。此外，由于教师提供的模板是面向班级所有学生的，班级所有同学都"照着一只猫来画老虎"，长时间一起学习，不仅难以促进学生的共同进步，还导致作文教学像是学生的批量化生产，学生写出来的作文看上去千篇一律，不同人写的文章在形式上有着非常明显的相似之处，甚至在小学内部考试时，判卷老师通过学生作文就能猜出其语文老师是谁。

此外，中学生大部分时间都在学习，没有太多的机会去经历生活、感悟生活。因此学生的写作素材较少，且受到很大的限制。

情感谎言已成为当前学生写作中的常见问题。很多学生为表达主题，随意编造故事，并不考虑其是否为真实感受。甚至有些同学异想天开，编造的故事严重脱离实际，作文提到的事件是根本不可能发生在中学生身上的，其在情感的表达上更是过于浅显，读起来有明显的虚假感。当代学生生活条件越来越好，家长和其他长辈对孩子也十分宠爱，虽然其随着年龄的增长，能够在一定程度上体会到父母的辛苦，但习惯和性格导致其情感的体会并不深刻。而在学校教育过程中，过于重视应试教育，忽略了对学生素质的培养，孩子们机械化地来往于学校与家庭之间并完成课上和课下的学习任务，没有深入感受生活的时间和意识，这也导致孩子们严重缺少对生活的感悟，在写作中融入生活和情感更是无稽之谈。然而考试对于学生来说非常重要，其只能胡编乱造故事，强行"感动"，看似真挚的情感，细细品味却总会觉得虚伪。长此以往，学生甚至丧失了合理表达真实情感的能力，对其写作能力的发展造成严重影响。

三、初中阶段写作教学评价存在的问题

本节所谓的写作教学评价主要是指评价学生在学习中的表现。教师经常简单地从自己的角度对学生进行评价。大部分教师在评价过程中会结合学生之间的相互评价信息，这仍然是评价作文最重要的方法，但是在该过程中，学生评价没有得到有效实施。此外，形成性评价亦没有引起教师的足够重视。

（一）学生评价未有效落实

教师评价是作文质量评价中最常用的方式。虽然有些教师会让学生参与写作的评分，但这种方法并没有系统的使用规范。大多是因为教师来不及检查作文，才会挑选班上的优秀学生来帮忙。大部分教师担心学生难以处理好评价的任务，严重限制了学生评估技能的发展。

（二）形成性评价未受重视

大多数教师在教学评估中会使用形成性评价，但是其使用频率较低，形成性评价尚未得到教师的足够重视。形成性评价模式可以对每个学生在写作能力上的成长速度和能力水平进行了解，给学生后期的培养规划带来很大帮助。然而形成性评价并没有得到教师的认真对待，这也反映出教师对学生写作水平的个体差异没有进行认真考量。学生长期倾向于一般性地写作，这就使其受一定模式限制，"说假话"现象严重。

目前初中作文评价模式基本上是以教师写的评语为主。多数学生在收到评价后的作文后，看过分数或说明后就将其搁置，并没有认真分析评语。这种审查方法不仅没有产生好的结果，还浪费了教师的努力和精力。此外，少数教师面对面地进行论文评定，可以为学生的作文提供良好指导。然而，这种评定过程中的缺点是花费时间过多，这也导致教师只针对个别优秀学生采用这种方法进行写作水平的评价。另外，有些教师尝试让学生之间互相对作文进行评定，但是在突然性的作文互评模式中，很多学生难以发现其他人写作的问题，不能提出有效的意见。而且大多数教师既不会对评价方法进行指导，也不会对学生的评价方式进行详细分析，教师在实施这种评价后没有得到预期的结果，不少教师直接放弃这种写作评价模式。这也导致学生的写作评价能力难以得到锻炼和提升。

（三）缺少科学的培养体系

目前，中学写作课没有统一的教学方法，没有科学的评价机制，也没有分层教育体系。写作训练只分散在每一本教科书中，因此教师没有规则可循。此外，

多数语文教师认为学生写作能力的提升难以通过教学的方式实现，因而在教学中忽视对学生写作能力的培养，而更加重视阅读能力的提高。部分教师甚至认为，在阅读练习的过程中，大量的阅读对学生写作能力有很大的帮助，一举两得。然而这种方法对于学生表达能力提升的效果非常低，甚至可以忽略。更有甚者，教师为掩饰自己没有备课，临时将课程改为作文练习，而对于练习的内容非常随意，对于练习结果也不会认真检查。这就导致学生的思维无法有效发展，写作技能也难以提高。

（四）作文教学的灵活性差

在目前的写作课上，许多教师忽视了对写作技能训练和表达技巧的教授，将上课重点放在语言形式的学习上。课堂的练习任务大多为一些词句运用和段落训练，有时教师读到某些自认为好的段落还会强制学生进行背诵，实则并不会对学生的写作能力带来任何帮助。这样的写作教学形式，严重偏离以生活为写作基础的本质，不仅难以达到促进学生成长、提高学生整体素质的效果，还对学生的作文发展方向造成了错误的引导，严重影响了学生的成长。

四、传统教育模式下的写作教学

初中语文写作教学受到了传统教育模式的影响，造成了应对考试式的教学，影响了学生表达自我真实的情感，不利于学生的综合水平的提升。

通常来说，大多数教师认为教学测试非常重要，其对于评价学生不同阶段的水平有着非常重要的意义。在应试教育的压力下，初中写作教学单方面追求如何写高分论文，如何更吸引阅卷人员的注意。这违背了素质教育的要求，也极大地阻碍了学生写作水平的提高。

（一）盲目追求成绩，忽略学生感受

目前大部分语文教师的写作教学以考试为最终目标，忽视了学生的感受。在应试教育的大潮中，许多学校以升学率为发展目标。学校不断强调成绩，以提高成绩为目标制定教学计划，在此同时，教师自然会受到应试教育观念的影响。在写作教学中，应试教育的压力扭曲了教学最初的目的，教学重点和学生的培养目标不是以学生为出发点提高学生的自身能力，而是以考试内容为教学重点。这在围绕常规测试的写作主题中有很好的体现，根据考试对写作模式进行划分，不断加强学生的成绩意识。虽然这样的标准对学生写作能力有很好的帮助，但如果教学活动的重点偏向于这些考试要求，那么写作就完全沦为考试的附庸，学生只能被动地为应付考试接受训练，缺乏足够的自由表达空间，这

也导致学生在写作素材的选择上更倾向于编写和虚构，严重脱离现实经历。

在名誉和利益影响下，教师通常会在指导学生的作文时，选择质量较高的句子、段落和文章让学生进行机械式地阅读甚至背诵。这导致大多数学生在考试中，像搭积木一样，依据同样的写作要求，选择背诵好的句子或句子模式来"拼"作文。在这种情况下，想要接近生活，写下自己的真实情感已经成了空谈。

1. 与生活和实际情感脱离

生活和情感是写作的核心，写作是对内心感受的自然表达。所以说，写作教学必须要注重人格教育，培养学生发现生活、感受生活的思维模式。然而，随着写作教学的模式化程度不断增强，人们逐渐忽略了学生才是写作主体。在学生进行写作训练时，不断地强调选题和选材必须是新颖的、典型的、优秀的、高尚的和积极的，对于最重要的生活和情感，反而成了次要的内容。让学生思考如何"编造"和"杜撰"，这并不是来源于生活，是为了写作而创造出的一个虚假故事，因此其情感的表达也带给人强烈的虚假感觉。在这样的教学模式下，学生逐渐学会编造表达看似动人、抒情的故事。在一次作文测试后评价内容时，笔者发现许多同学都写自己家庭发生了变故。笔者感觉有些荒诞，大部分学生在刻意地这样写，怎么会有这么多的不幸？还有另外一种普遍的现象，即学生在自己的经历中很难找出能够拿来满足考试作文要求的内容。但是为了考试，只能勉强找一些与题意相近的经历来展开写作，其在写作时的情感甚至事件本身都有可能是虚构的。长此以往，学生的写作不再是为了记录生活，表达情感，而是单纯的"为了写作"，使学生忽略对生活的观察和感受。从学校生活就开始机械地应对各种任务，这种缺乏自主能力培养的学习，如何在写作时融入学生自己的情感呢？

2. 考试成为教育的终极目标

当前的教育领域虽然不断强调对学生进行素质教育，促进学生的全面发展。然而实际情况下，仍有部分学校和教师对学生的关注重点不是学生自身的性格特点和能力基础，而是学生对考试重点的掌握程度。在当前的教育形式下，标准答案、分数等与考试有关的内容有时还是教学的主要目标。学生的成绩不仅影响到学生自己未来的发展，对于教师和学校的荣誉也有一定影响。虽然技能的提高使学生受益匪浅，但更多的只是应试技巧。随着时间的推移，学生不再是写作的主人，很多人甚至认为，部分学生的作文本身无法传递有效的情感，也难以体现其价值。从长远来看，由于写作过程死气沉沉，毫无生气，时间久了，学生们逐渐失去兴趣，对写作甚至语文的学习抵触心理越来越强烈。

3. 过于重视阅读，忽视写作训练

现在普遍存在的现象是许多教师非常重视阅读教学，并将其作为硬指标。教师在学期开始时就制定了详细的教学计划和教学进展，至少提前两周做好准备，严格按照计划，不断完善教学，提高阅读教学水平。作文教学恰恰相反，教师对于学生的写作能力培养没有详细的教学计划，导致写作教学随意而盲目，没有完整而明确的教学程序，致使学生缺乏渐进的写作学习梯度。即使是作文课，也往往不能保证作文的立题是结合学习进度和学生能力基础而确定的。造成这一现象的原因是教师认为在详细解释了阅读中的词组和句子之后，学生就能够充分理解学习重点、深入认识了写作方法和技巧。而实际情况是教师自认为讲解到位，而学生由于理解浅显，虽然意识到写作依然有很多问题，但是不知道问题的根源在哪里，甚至不知道该怎样向教师请教，只能硬着头皮尽可能地按照教师的要求进行写作。在这种情况下，由于学生确实掌握了写作的得分点，在成绩上达到了教学标准，所以教师难以从测试中发现教学或者学生学习的问题，错误地认为达到了教学目标，完成了教学任务，开始了下一阶段的教学……这样的写作教学并不能真正提高学生的写作能力，学生在写作时只能胡编乱造，作文虽然在分数上达到了标准，但其实际质量几乎没有提升，导致许多语文教师也降低了对作文教学的热情，将注意力转向阅读教学。因为这种方式，可以"多快好省"地完成教学任务。这使作文教学陷入了一种非常大的误区和恶性循环。

（二）以实用为主的心态

对于写作而言，只有融入生活，热爱生活，才能发现生活中能够感动人心的现象，才能提升学生情感水平和对写作的兴趣。然而，有时在应试教育的压力下，模式化的写作实践逐渐使学生失去了写作兴趣，一些学生甚至对此抱怨不已。此外，以测试为导向的教学理念往往会影响学生的写作思维模式。许多学生认为学习写作是为了提高考试成绩，而不是提高写作本身的质量和自身的综合素养。所以在写作学习的过程中，学生以学习作文"模型"为重点，快速提高自己的写作技巧，而对写作和情绪的兴趣逐渐丧失，最终逐渐将写作与实际生活分开。这种快速写作的形式，也使写作模式化现象严重，学生缺乏新的思路和创意。写作和表达能力的提升的确需要练习，但是这种练习应该以学生对生活的感悟为基础，而不是机械化地依照教师提供的标准甚至素材方面的限制进行"复写"。这种情况导致学生虽然在练习中对写作技巧的运用越来越熟练，但是在思维模式和情感表达上逐渐形成了一种固定的模式，写作成了寻找

素材并将素材插入固定的模板凑成一篇文章，在情感的表达上存在严重的不足，而且与生活严重脱轨。

第三节　核心素养视角下初中古诗词教学困境

目前的中学语文教育仍受考试"接力棒"的限制，大多数教师重视阅读和写作教学，但这种重视以提高学生考试能力为主要目标。文本解释过于表面，过分强调测试技巧。因此，本节通过综合调查结果，全面系统地分析了语文古诗词教学中存在的问题。

一、教学目标模糊不清

著名现代教育家朱绍浩说，教学主体是由学科的性质决定的，要以学习的特点为基础编写教科书。现代教育理论表示，教育目标的本质是从根本上对学生学习成果的期望。可以看出，一方面，教育目标的主要内容是以学习成果为前提的；另一方面，教育目标也包括了对学习结果的要求。制定教学目标不仅是课程设计者和教育领域高层人员的工作，也是每个语文教师日常工作的一部分。在对教学目标进行设计前，需要科学地分析学科内容特点，并结合学生情况，以学生的学习能力为参考，以每个学期为单位制定教学目标。然而通常来说，教师制定教学目标的依据大多是自身的经验和感觉，忽略了对学科特点及学生学习能力的分析，导致教学目标的制定存在非常大的问题。其中，古诗词教学在学生培养上的目标制定则更为混乱。

（一）初中语文课程标准与中招考试目标的反差

引进新课程标准后，初中语文课本布局也发生了变化，其中古诗词变得更多，在课本编制的形式上也更加丰富。这就表示对于中学语文的学习来说，古诗词的重要性变大。课程标准是国家在对我国教育状况进行调查和详细分析后进行制定的，该工作由国家教育行业权威性最高的机构来完成，从根本上反映了我国对于中学生教育的培养重点，这些标准也体现了当前我国发展过程对人才培养在初中阶段的基本要求。此外，课本内容的设计和编制也是依据该标准为前提。新课标对初中的语文教学进行了全面而严格的规定，明确了初中阶段学校对学生的培养重点和目标。从其中古诗词占的比重变大可以看出，教育行业对古诗词的重视程度加大。

1. 初中语文课程目标的低要求

课程是教育系统的核心。课程是实现教学活动的基础之一，也是教学内容主要的实施平台。因此，为了实现古诗文的教学以及提升学生对古诗文鉴赏能力，要以初中语文教育作为两者的基本出发点。在初中语文教学中，就古诗词的教学来说，根据有关标准，学生应该具备的能力包括对古诗词的通顺朗读和背诵，以及通过课本页面下方的注释对古诗词的现代意思进行理解；学生还应该通过查阅资料对古诗词的写作背景进行了解，并结合写作背景尝试理解作者在写作时的心情以及诗句所表达的核心思想。如果说写作能力的培训目的是提高学生的表达能力，那么对于古诗词的学习，其主要目标是提高学生理解能力。在学习过程中掌握古诗词的鉴赏技巧，体会古诗词的美，进而提升学生对学习古诗词的兴趣，并在此过程中使自身的文学修养得到提升。

此外，对于古诗词来说，不仅本身具有非常高的文学价值，它也是古文化的载体。在学习古诗词的同时，学生能够通过写作背景以及诗词所表达的内容，深入体会古人的气节和情感等内容，在一些叙事和写景形式的古诗词中，还可以体悟古人对美的判定标准，了解古时候的风俗习惯等，对于丰富学生的文化基础有着非常大的帮助。

2. 中招考试突显的高要求

从中考的试题中进行分析不难看出，中学阶段对学生在古诗词方面的能力要求已经非常高了。虽然考试的一个重要作用就是梯度筛选，往往会通过一些超纲的试题来筛选出非常优秀的学生。但是受应试教育模式的影响，学校在教育方面一般遵循的观念是"考试有多难，学生的能力就应该有多强"。中考对于古诗词的考核分为两个部分；一部分是课内古诗词的考核，其重点是诗词的记忆和默写考核；另一部分则是课外古诗词鉴赏，其考核内容包括对古诗词句的翻译、写作手法分析、情感体悟、意义和启迪等，考核内容非常丰富，难度也非常高。相对来说，在小学阶段，学生对古诗文的学习仅限于背诵，而初中阶段不仅增加了古诗词的翻译，还对学生在情感的发展方面有很高的要求。学生必须在学习过程中，充分体会作者的情感及所想表达的东西。除此之外，学生还要通过对古诗词的理解，合理地找出其对自己人生的启迪，其难度跨度非常大。相对而言，高中的古诗词学习也不过如此。所以说，由于中考对学生的要求过高，也导致学校在教学方面对学生制定的学习标准更高。

举个例子，某年中考有关古诗词的考核题目是理解唐朝诗人马戴的作品《落日怅望》，要求学生对"千里"和"片时"的表达效果进行阐述。由此可知，

学生在初中阶段的古诗词学习中，就必须要掌握古诗词常用的表达方式以及不同表达方式的表达效果区别，并具备一定的判断力。通过对古诗词的理解判断出某些词句所用的表达方式，不仅如此，学生还必须能够结合古诗词，详细阐述其表达效果。

同时，初中古诗词学习的要求标准变得更高，也意味着学生的学习任务变得更重。例如，要理解古诗词，对古诗词背景的了解就非常重要，也就是说，理解古诗词能力培养过程中的伴随学习任务就是要了解唐宋等常考朝代的大概背景，甚至可以理解为对该阶段历史内容的学习。无论是教师强制还是学生自觉学习，充分了解历史背景，对古诗词的理解有着非常大的帮助。再如，增加一个分析表达方法的能力，就要求学生必须对所有的表达手法进行学习，并掌握其应用在不同情景时的表达效果。所以说，标准的提升，也增加了初中学生的学习任务。

（二）教材提示的课程目标模糊混乱

教学目标决定了教学课程的规划。但是在初中古诗词教学方面，中考对学生能力的要求与课标对学生培养目标的要求之间存在一定的差异，那么作为教学任务的主要实施者之一的教师该如何应对这种情况，实现初中语文教学课程的合理安排呢？随着信息技术的增强，各学校教师之间的联系也更方便，而且教师可以通过一定的交流平台对当前教育行业的现状以及有关问题进行了解，这就有了解决上述问题的可能。教师之间的能力也有非常大的差别，通过交流平台，教师之间能够实现教学模式和教学目标的交流。多数普通教师往往会以学校规定的教学任务和其他优秀教师制定的教学目标为参考，结合本班学生的能力水平制定最合理的教学目标。以此为基础，因材施教，这对于学生学习能力和知识水平的提升有非常大的帮助。笔者通过一些课本上的实例来进行详细的分析。

（1）朗读、背诵这四首诗歌，回答下面的问题。

①《观沧海》在描绘景色方面有什么特点？试分析作者的情感。

②对"潮汐宽阔，风很大"所描绘的场景进行分析。

③《钱塘湖春行》中哪个词更能体现全诗所描绘的季节特点？

④《天净沙·秋思》通过列举的方法，使具有特点的景物结合成为一个富有情味的场景。假设你处于这样的境地，你的感觉是怎样的？

（2）以如下示例为参考，找一首类似的诗词，分析诗词中对仗手法的应用，并试着对该诗词进行鉴赏。

例："两个黄鹂鸣翠柳，一行白鹭上青天。""两个"对"一行"，"黄鹂"对"白鹭"，"鸣翠柳"对"上青天"，两只黄鹂鸟在柳梢欢唱，一群白鹭从天边飞过，这两句诗通过对鸟、树以及晴天等景物的描写，表现出一副静谧、美好的画面。

　　由此不难看出，课本上的题型与考试题型差异不大，但其难度要求相对低很多。这也表示课标对学生的要求并不高。但是教师如果只是按照课标的规定制定教学目标，那么大多数学生在学习能力上就会存在严重的不足，难以适应考试的需求，本着对学生负责的教学态度，大多数教师只能以较高的标准来培养学生，尽管学习任务变得更重。

二、教学内容重心偏差

　　我国有大量的古诗词作品。它们是文学领域伟大的艺术品，是语文教学中的古代文化瑰宝。但是由于课标对学生的要求和中考对学生的要求存在一定差距，因此教师在教学过程中只依靠课本一套教材难以使学生的知识水平达到中考的标准，因此各学校就会争相订购辅助教材；同时，由于各学校和教师的水平也存在较大差距，其对教材的选择自然也不同，这就进一步导致不同学校的教学目标虽然都以中考为标准，但是在教学内容上却存在非常大的差异，学生的能力水平也参差不齐。此外，由于学习任务过重，学生总是将学习重点放在课本知识的学习上，对课外知识及辅助教材的学习却严重不足。面对这样的情况，很多人不禁会想，究竟是教师在教学方式上存在不足，还是官方所制定的教学标准存在问题？

（一）教学内容偏重知识化

　　笔者曾经听过一堂讲古诗词的公开课，讲课内容以唐朝诗人杜牧的《清明》为主。"清明时节雨纷纷，路上行人欲断魂。借问酒家何处有，牧童遥指杏花村。"课堂上，教师首先对作者的经历进行了简单介绍，之后又讲解了诗词的写作背景。接下来则以学生的参与为主，这种授课模式，极大地调动了学生的积极性，在教师的指导下，学生通过查字典和相互交流，对这首诗进行了详细分析和深入理解。除此之外，教师还以这首诗为基础展开了拓展，让学生试着对一些在写作形式和表达手法上类似的诗词进行了鉴赏，很多学生针对这些诗词发表了自己的看法，对诗歌内容所引起的启发进行了阐述……在笔者看来，这是非常成功的一堂古诗词公开课。但是在之后的第二次听课中，学生对于《清明》这首诗的理解相对之前听课来说，有着明显的不足，甚至很多学生对这首诗的背诵和默写都存在很大问题。通过对个别学生的询问发现，虽然课上非常投入，但是课下并没有对其进行及时有效的复习，而且也完全没有了课上那种浓厚的兴趣。这时候笔者才觉得，这堂课其实并没有想象的那么成功。

到目前为止，笔者读过的书、听过的课也越来越多，针对古诗词教学的现状也做过非常多的调查和研究，从中发现当前的教学形式存在两个非常大的误区。第一，对于古诗词的教学，教师过于重视学生对诗词关联知识的掌握，因而在授课过程中也侧重于对这些内容的讲解，包括作者简介、诗词背景、诗词中涉及的重要古字和古词等，要求学生牢记文学常识，重点掌握其涉及的知识点，这种教学模式严重忽略了学生对诗词本身的掌握。这是由于教师对考试的标准非常了解，这些教学重点确实能提高学生的成绩。但是由于缺乏对诗词本身的理解，学习过程就变成了死记硬背，不仅严重影响了学生的积极性，也增加了记忆的难度。也就是说，这样教学对学习效率的影响并不完全是正面的。另一个误区是，教师在讲解古诗词内容的时候，忽视学生对诗词的体会和感悟，将对诗词的鉴赏当作吸引学生注意力的工具，而在对学生能力的要求上，则完全倾向于诗词的翻译。一方面将诗词内容拆分成单个的字词进行讲解，另一方面，让同学们将每个古字和词语在本诗及其之外常用的现代翻译记录下来，这就导致学生对古诗词的学习变成了知识的积累。大多数学生并没有对诗词的意境和情感进行更为深入的体会，导致其难以发现古诗词的美，感受不到其中所表现出的或刚烈、或优雅的多种情怀，进而也就难以真正地热爱古诗词文化。

（二）教学内容教条化应试化

我国古诗词文化博大精深，经常受到世界各国人民的喜爱，但是我们很多学生却并没有体会到古诗词的美，这是为什么呢？其实原因很简单，几乎所有的学生在学习古诗词的时候，都需要按照教师的要求，通过查阅资料和询问等方式，机械化地对诗词的背景、作者简介以及诗词的现代汉语意思进行了解，这样的学习过程枯燥而乏味，学生怎么可能会有积极性，更别提热爱古诗词了。造成这种情况的原因，表面看是教师的要求存在问题，实则也跟长期以来的教育机制有关。对于我国最近几十年的教育模式来说，考试成绩对于学生以后的发展和成就会造成较大的影响，虽然现在我国有关教育部门已经开始强调素质教育，但是由于应试教育观念根深蒂固，一些学校、教师甚至家长都认为考试成绩是对学生在学校中成长情况的最终评价。长时间以来，也就形成了以考试为学习目的的教育模式，学生的学习过程也形成了一种固定的模式。在这种情况下，很多教师机械化地完成教学任务，其教学兴致并不高，而学生亦是如此，以完成教师所布置的任务为学习过程，之后马上开始一些娱乐性地活动放松自己，缺乏有意义的爱好。受应试教育的影响，教师在授课过程中，侧重于考试重点，将古诗词的文学常识和词句翻译当作授课重点，对学生的能力要求也以此为基础，让学生牢记这些知识内容，完全忽略对古诗词情感等内容的理解。事实上，教师如果让学生加强对诗词内容的感悟，深入理解作者在古诗词内容中所表达的情怀，能够很好地提升学生对古诗词的热爱程度，在调动积极性的同时，能够很好地提升教学效率和质量。但是由于没有人尝试这样的教学模式，以传统的教学方法，着重学生对知识点的掌握，导致学生对古诗词的抗拒心理较为严重，很难实现继承和发扬古诗词文化的要求。

三、教学模式过于机械化

古诗文的学习对于陶冶情操和提高自身修养来说有着非常好的帮助，此外，古文化的学习，也有助于弘扬和继承祖国的优秀传统文化，提升民族自豪感。对于语文学习而言，古诗词的学习占据着非常高的地位。就一首古诗词来说，短短的几句话，能够充分地表达景色之美及作者的情怀，深入理解一首诗，能够获得的好处不只是知识层面的，对于陶冶个人情操和培养自身修养来说，都有着非常好的效果。因此，教师和学生都必须在学习生活中，对传统的教学模式进行辩证分析，找出其中存在的问题，并努力寻找解决办法，共同提高语文教学的质量。

（一）教学过程中忽视学生的主体地位

对于教育行业来说，教学的本质不是通过教师来向学生传授多少知识，而是在教学的过程中，一边帮助学生掌握一定的文化知识，一边帮助学生养成良好的学习习惯，提升自身的学习能力。某教育学家表示：要保证学习的意义和效果，一方面，学习的内容要对学生有一定的意义，具备被学习的可能；另一方面，必须使学生自身具备接纳新知识的对应条件。以学习古诗词为例，古诗词的学习对学生来说，能够提高其文学修养，该学习过程对于继承优秀中华古文化也有一定的意义；同时，要学习古诗词，首先要认识汉字，掌握汉字基本的含意和句子结构等，必须具备这些知识，才有学习古诗词的可能。此外，在教学过程中，教师发挥着至关重要的作用。因为所学知识有可能是学生所没有接触过的，其在学习的过程中，一方面会遇到很多难题，只有通过教师的讲解，学生才能解决学习过程中遇到的一些问题；另一方面，学生自己对知识进行探索，难免会花费大量的时间，而教师的指导能够帮助学生快速地理解知识内含，进而在很大程度上提升学习效率。然而如果学习的过程如果完全依赖教师的讲解，那么对于学生自身学习能力的提升来说，将会造成一定的阻碍效果，从而对学生的发展产生不利影响。

由此可知，注重学生在学习过程中的主体作用，对于学生自身的提高非常重要。然而受传统教学模式和应试教育的影响，教师在教学过程中往往会忽略这一点。同时，由于以学生为主体的教育机制和具体的上课形式尚不完善，这样的教学模式虽然能有效提升教学质量，但是在学习效率上却存在严重的不足。就古诗词的学习来说，多数初中生的自制力并不高，教学任务的压力完全都在课堂上，如果让学生自己对古诗词进行学习，教师仅作为辅助人员参与课堂，那么一节课的内容很有可能需要两节课甚至更多的时间来完成。同时，学生对于新学知识的掌握是从零开始的，要全面地掌握诗词内容非常难。这对于中学期间繁重的学习任务来说，教师是无法接受的。为达到中考的知识能力标准，教师只能将学生当作"知识的容器"，一边向学生传输新知识，一边帮助学生温习旧的知识，这也导致学生只能机械化地学习古诗词的知识点，而没有过多的时间对诗词内容进行深入理解和体悟。

（二）古诗词教学能级梯度模糊

对于初中古诗词教学来说，教师应该按照一定的梯度等级进行教学。有关标准明确表示：学生在古诗词教学中应按照一定的梯度等级进行学习，循序渐进。但是其标准的具体内容同时涵盖了古诗词和文言文的学习，并没有明确区分二者之间的区别，在梯度等级的划分上也有一定的模糊。在实际的古诗词学习中，首先，学生应具备通过查阅古语词典等有关的工具书，对诗词的释义进行简单理解；其次，学生在理解古诗词中有关字词含义的基础上，能够将诗词内容以通顺的语言进行表述；最后，学生应具备体会古诗词总体含义的能力，结合诗人的创作背景，深入理解古诗词的情感表达。除此之外，学生在古诗词学习的过程中，要通过有关资料对古诗词的文学常识进行必要记忆，熟练掌握古诗词有关的基础知识。当前的教育模式下，教师受传统理念和有关标准的影响，在对学生的学习目标进行规划时，没有明确区分古诗词学习的等级梯度，而是在一首古诗的学习中笼统地将与其有关的内容一起灌输给学生，导致学生在整个古诗词学习阶段，并不能按照一定学习进度有效地提升自身能力。除此之外，古诗词的学习贯穿了从小学到高中的整个学习过程，小学阶段的古诗词教学以诗词内容的背诵为主要教学目标，兼有一定程度的诗词内容理解，但是并不深入。初中阶段，由于中考对学生能力的要求，教师在古诗词教学方面已经非常全面，从字词含义到诗词情感的深入理解都会进行详细的讲解。

四、教学深度过浅

笔者曾经参加过一系列的课堂观察、研究座谈会等教学活动，在对目标学校的教学形式进行观察的同时，也对授课内容进行了更为深入的分析，认真研究了相关问题。此外，为了分析古代诗歌阅读教育中存在的不足之处，笔者随机选择了部分班级的学生做了一次问卷调查。接下来笔者将依据问卷调查的结果对初中阶段古诗词教学中存在的问题进行详细分析。

（一）教学环节单一，浪费阅读资源

在当前的中学考试中，古诗词阅读所占的比重相对较高，而且课内外古诗词的阅读也能作为写作素材，增加作文写作的加分点，因而古诗词鉴赏能力的提升也成为语文教学方面教师和学生非常重视的一部分。首先，古诗词的学习涉及的内容非常广泛，不仅包括古诗词本身所带来的古文知识基础的学习，还包括从学习中深入体会古诗词所表达的情感。但是通常来说，基本上所有古诗词的学习都是从这些方面进行的，这也造成教师在讲授不同的古诗词时，都按照固定的授课模式，学生长期以一种模式进行古诗词的学习，难免会觉得枯燥乏味，进而对古诗词产生抗拒心理。此外，古诗词学习能力的提升需要大量的练习和背诵，教师不仅要指导学生掌握好课内的古诗词，还要让学生通过课上拓展以及课下的课外读物，掌握大量的经典古诗词。由于古诗词能够作为写作素材，可以在很大程度上提升学生作文的质量，因而大量的古诗词阅读对于写作来说也有非常大的帮助。但是由于教师教学方式简单枯燥，学生对古诗词的学习也存在一定程度的抗拒心理，因此学生虽然能够有效地背诵诗词内容，但是对其内涵的理解并不深入，在写作时对古诗词素材的运用也不熟练，甚至非常僵硬。就此而言，学生虽然针对古诗词内容进行了大量的阅读和背诵，但是并不能有效地将其应用在写作中，这也就造成了古诗词阅读资源的浪费，不能充分发挥古诗词背诵的效用。

（二）止于内容分析，未及文人情怀

现在的古诗词阅读教学中，一些教师忽视了古诗词教学相对于别的类型语文知识的特点。无论是课内古诗词的教学还是课外古诗词的拓展学习，教师和学生都侧重于对字词含义的理解以及文学常识的记忆方面，对于古诗词内容的理解并不深入，导致学生机械化地阅读和背诵诗词内容，并记忆其相关的知识点，而对作者情怀和古诗词所表达情感的体会并不深刻。古诗词的学习中，掌

握其基础知识仅为重点的一部分。古诗词承载了作者的情怀，具有非常高的文学价值。课堂古诗词教学以及拓展教学，不仅是为了让学生对同类型的古诗词进行对比理解，还要求学生在理解作者不同作品的过程中体会作者的真实情感，并从中获得一定的人生感悟。这对于学生个人能力的提升及其未来的发展都具有重要意义。从文化的传承和弘扬角度来看，古诗词的学习也是学生继承中华优秀古文化并对其进行弘扬的体现。从个人角度来说，深入理解古诗词，可以陶冶学生情操，在很大程度上提升学生的个人修养。

总而言之，学习古诗词知识基础，深入体会其中的情感，对于学生个人能力和修养的提升以及对中华优秀古文化的继承和发展有重要意义，教师在指导学生学习的过程中，应注重其核心素养的培养，而不是将教学重点完全放在古文知识的教授和灌输上。虽然应试教育模式对学生的影响非常大，但是我国有关部门已经越来越重视学生的素质教育，而且学生学习能力的提升也是当前社会对学生素质的根本要求。因此，以古诗词教学为例，教师对学生的培养要做到知识水平与个人修养并重，以学生的全面发展为教学目标，使学生从古诗词的学习中深入感受中华优秀的古文化内涵。

（三）重视应试技巧，弱化审美教育

大多数学校针对目前的教育模式，不断对素质教育的要求进行强调，但是应试教育对教师和家长乃至学生的思维模式都造成了非常大的影响。当前教育领域的现状也确实如此，学生的学习目标都是以中考、高考等重要考试为基础，甚至很多人将这些考试当成个人发展的重要转折点。这也就导致在教学过程中，无论是从教师角度还是从学生角度来说，都将知识的积累和考试能力的提高当作教学重点。对于素质教育的重视程度较低，尤其是古诗词教学。古诗词是中华优秀古文化的承载物之一。有关标准对古诗词学习的要求中，提到了学生对古文审美能力的培养。然而当前的教学模式却忽略了学生审美能力的提升。我们将对古诗词的理解和表达称为诗词鉴赏，这也表示古诗词本身在语言组织形式和内容表达方面具有美的价值。学习深入理解古诗词的过程能够有效提升学生对古文学的审美能力，也能在很大程度上提升学生的文学修养。但是实际古诗词教学模式下，对审美教育的忽视，限制了学生审美能力的提升，也对学生的古诗词鉴赏能力的发展造成了很大程度的限制。

五、初中古诗词阅读教学具体问题表现

（一）"以读促写"意识薄弱

浪费阅读资源的问题可归因于中学阅读教学中，一些教师在阅读讲座中对阅读和写作的认知不足，阅读后没有专注于利用阅读资源来促进学生的推广实践和写作练习，浪费了宝贵的阅读资源。与此同时，阅读和之后的练习扩展被忽略了。将古诗词阅读保持在"阅读"水平已成为一种简单的阅读教学活动。课程标准指出，在中学教学中，古诗词阅读旨在让学生了解阅读的价值，促进学生的精神和素质的培养。因此，教师应有意识地引导和激励学生阅读，培养学生在阅读中找到融合点，学习如何积累写作材料，并充分利用古诗词阅读的教育成果。通过这种方式，我们可以真正实现古诗词阅读在培养人的价值观方面的重要性。因此，随着教育模式的不断发展和优化，教师必须积极吸收新的思想和观念，不断优化自我教学水平。在教学中，我们积极贯彻"品行优先"的理念，促进学生全面和谐发展。

（二）文本解读不够深入

当下古诗词教学模式下，有着诸多缺陷。从根本上说，这个问题来自教师没有从根本上了解古诗词本身。教师只是指导学生在机械阅读的方式下进行学习，而文本本身被忽略，一些阅读活动也没有起到实际的意义。学生对古诗词阅读没有透彻理解，无法创作和阅读。在现阶段古诗阅读教育的情况下，有学者认为"通过阅读课体会作者表达感情表达的用词用语，将整篇文章的内容理解透彻，这项工作并不难，关键是要自己努力"。阅读的真正含义是深入思考，教师只能够解释文本的能力限制了学生学习的水平，也限制了学生发展的空间。经调查发现，在中学课堂上阅读古诗词时，有些教师单纯对文本进行解释，而不对全篇探索文章中心思想的基本知识进行解释，大多采用从深层文本挖掘问题的方式教学。

在课程教学之中需要明确教师是授人以渔的角色，强调自主学习对于学生的重要性。学生在古诗词学习方面的缺陷主要表现为缺乏语言技能、理解能力差、没有探索精神。由于学校与家庭的压力，部分学生从小未能养成自觉学习的习惯。学习是一个独立探索和理解的过程，由于学生爱玩的天性被压抑，因此在学习过程中演变为了应付老师。由于在实际生活和学习之中关于古诗词的针对性训练较少，造成了学生对初中诗词存在一定陌生感，给初中语文学生培养核心素养造成了一定的障碍。尤其是在写作方面，大部分人进行诗词背诵，

只是为了默写不出错。由于其认为考试时的诗歌鉴赏并不来自课本，因此忽略了在课堂之上的问题，最终造成了学生在课堂之上对教师的问题没有回应，进而导致了课堂气氛沉闷，只知道对教师的问题机械式回复，没有真正体会到古诗词的魅力。

首先，不注重阅读。阅读培养主要是体现在语言形式美，通过对韵律比较明显的句子进行诵读，体会其中的内容，这就造成了许多不喜欢诵读的学生产生学习障碍。其次，只知道全面接受知识，忽略了知识之间的联系、整合、聚集，学生无法根据不同时间内学习的知识实现知识的体系化。

（三）学生诗词素养较低

1.语言构建与运用能力不足

古诗词同时具有简洁性、优美性、形象性而被广泛传播。因此，学生学习古诗词必须基于对语言的理解，对其中涉及的一些特殊词性的字句及典故需要全面了解，找出其使用的巧妙之处。但是，淡化语法造成了学生对于词性使用的陌生，这就造成了学生对于这些词语的理解程度下降，无法充分理解词语之中作者所表达的情感。现阶段，很大一部分学生语文基础知识比较薄弱，对于文章所表达的意思难以理解，这也造成了学生对于古诗词理解的困难。一些生僻的字眼，学生认为使用机会不多，对其采取了忽视的态度，这就造成了在后期学习到与之有关的内容时，学生无法及时掌握作者所表达的信息，进而造成了对整个古诗词意思理解的偏差。正是由于这种情况的存在，造成了学生在理解核心素养方面的缺失。

2.意象意境概念混淆不清

许多学生不能区分古诗词所要表达的氛围，古诗词正是通过对周围场景的描写，通过场景来表达自己的情感。这就是我们常说的"一切景语皆情语"，作者通过对周围环境的叙述，表达出了自己的情感，将其作为自己抒发志向、愁思的对象。诗人营造的意境是在周围场景的基础上，通过文学渲染，表达出一种独特的意境，这种意境仅仅存在于诗人的作品之中，是一种能够通过语言表达的思想境界。例如，梧桐是高贵的象征；梅花代表了不屈不挠的性格；"柳"与"留"谐音，表达了不舍之情，也暗含了离别之意；"莲"与"怜"相近，代表了爱惜、怜爱的意思，因此其多用于男女之间；蝉一般生长于树上，因此古人则暗喻其是高洁、高雅的象征。这类的寓意事物非常多，只有学生多了解这些意象，并充分知晓其应用的场景，才能够正确掌握诗人所要表达的意象，体会作者当时的心境以及其通过事物所传递的情感，进而掌握全诗的主题，全面掌握诗词的含义。

3. 情感解读脱离创作意图

许多学生认为古诗词的品鉴是学习的任务，不深入了解其创作的原因，并认为对古诗词过于正式和理性看待时，很难理解作者表达的意思。古诗词以简洁的语言传达了诗人独特的个性、宏伟的抱负和真实的情感。如果不触及作者的生活和写作背景，很难理解作品的创作意图。如果没有将作者的创作意图与特定的诗词语言联系起来，则无法完全理解作者的情绪。许多学生缺乏阅读技巧，造成了学习困难。在学习古诗词时，我们很少了解作者生活的背景和经验，很难将诗歌语言与作者本身联系起来，缺乏联想技巧，且自身生活经验较少，造成了较大的教学障碍

（四）教学理念仍有待提升

初中语文教学中，古诗词的教学背景仍然是应试教育，这就造成了大部分教师仍然将考试作为最终的学习目标，将阅读视为一种培训形式，并在教学中反复强调应试技巧和解决问题的策略，忽略了阅读理解和欣赏古诗词。进行古诗词考试的最终目的并不是考查学生对于某一首诗词的理解程度，而是让学生能够从中体会到古诗词的美感，并在这些优秀的古诗词中体会到我国民族文化的博大精深，进而增强学生的民族认同感。通过对古诗词的鉴赏，学生能够有效地实现自我写作水平的提升。但是由于一些教师在教学理念上认识的偏差，造成了学生在学习过程中无法摆正心态，进而造成了古诗词实际的作用并没有完全发挥出来。

学校是一个培养人才均衡发展的机构，教学是其首要任务。然而，在现阶段应试教育背景下，大部分教师并没有完全深入研究古诗词本身的特点，而是参照程式化的模式，对诗词之中的生僻字进行讲解，并对诗句表面的语句形式进行分析，同时对诗句的理解进行梳理。很多教师认为，这种方式不但足以应付考试，也能够应对教学评价，因此认为这就是最优的教学模式。学生在这种情况下变得越发地按照教师的思路来进行古诗词阅读，逐渐丧失了对古诗词真正的优美内涵的认识。一部分教师认识到了这种教学模式的弊端，想要从根源上解决，因此在授课过程中，没有完全按照课本内容，而是采取了鉴赏的形式大篇幅地进行补充教学，这种方式有可能造成教学中心不明确，虽然课堂内容看起来丰富翔实，但是其表达的内容并不统一，造成了知识体系的混乱。采取不同形式的教学模式创新是值得鼓励的，但是创新过程中需要充分把握中心，

做到以课文所要传达的内容为中心，有针对性、有目的地修改。

在古诗词教学课堂中，对内容与形式的重要性把握不好的教学案例并不少见。许多教师为了应对应试教育，加之考试中诗词鉴赏为分值较高的题目，教师为了能够让学生考高分，往往会建立一套流程化的鉴赏过程，只是针对表现手法、传递情感与意向等内容进行鉴赏，并没有顾及学生对其理解的透彻程度，于是学生就会降低对整个古诗词的掌握水平，没有体会到其中所要传达的美感。也有一部分教师，认识到了这种教学方式的缺陷，想要从根本上解决这一问题，因此在其课堂中过度活跃，学生们参与度非常强，但是最终却没有真正学习到应该学的知识。尤其是在多媒体教学方式盛行的今天，长时间使用多媒体会削弱学生的动脑能力。多媒体本是一种非常好的教学辅助手段，通过其可使一些较为抽象的内容变得非常具体，有利于学生对于古诗词内容的理解，然而由于过度使用多媒体，就会造成学生普遍跟随教师的思路，自我探索意识下降，不利于学生的核心素养的培养。

在教学过程中，教师扮演辅助学习角色，如果教师自己的古诗词储备量不够，那么其在教学过程中的盲目性就会不利于学生的学习。在进行授课之前，教师应该对要教学的古诗词有充分的理解，在此基础上选定合适的教学模式与教学技巧。虽然这些教师都有着非常良好的教育背景，也具备了一定语文古诗词素养，然而随着科技的不断发展，各种教学模式的不断革新，如果教师不能及时地补充自己的知识缺口，就会对学生的学习造成严重的影响。初中教师工作量较大，能够用于提升自身古诗词核心素养的时间不多。正因如此，教师在诗词鉴赏之中的创新点并不多，只能参照课本或者辅导书进行讲解，这就造成了学生学习内容过于僵化，无法有效提升学生的鉴赏水平，更不要说在审美方面的提升。

教师在课堂上教授古诗词，要注重培养学生语言表达能力以及培养学生的审美欣赏能力。经过调查发现，古诗词教学课堂中，在教师进行鉴赏时，有着非常多样化的教学手段，在这些手段的刺激下，课堂气氛非常活跃，学生参与度非常高。然而，如果脱离开教师，让学生进行单独鉴赏，能够做出有水平鉴赏的学生寥寥无几。这种定位清晰、内容充分、学生积极性高的课堂教学，本身是非常高质的，只是学生自身的语言表达能力有所欠缺，尚不能完全将古诗词所表述的内容以自己的语言表达出来。在一般课程中，教师非常重视对于诗词朗读的重要性，将重点全部放在了书面语言的书写上，忽略了学生在语言表达方面的能力。因此，教师应该将书面表达与语言表达放在同样重要的位置上，将读、写、说同步结合，既能让学生通过文字体会到古诗词之中的内涵，又要让学生能够用语言准确表述，只有这样，才能有效地提升古诗词教学的效率和质量。

第四节　核心素养视角下初中名著阅读教学困境

学生阅读名著的驱动力是什么？进行名著教学的目的是什么？巴金曾经这样认为，名著是非常宝贵的文学宝库，这是无数文学泰斗的著作，其通过丰富的思想与表达形式让我们从精神层面到行为层面接受指导，使我们的思想更为纯洁善良。名著不但能够增加自我见识，也能够帮助自我探索。对于文学名著的阅读不能浅尝辄止，而是应该深入其中，主动地探索其中的奥义。文学名著是人类文明的结晶，他们在人性、科学、社会等多个方面进行了研究，能够穿越时空与文豪进行沟通，让我们遐想其中、受益匪浅。

一、名著阅读的重要意义

（一）加大阅读深度，提升审美能力

丰富的情感意义是文学经典的最大特色。文学著作之中往往投入了作者大量的情感，通过文字的书写叙述了平凡生活之中不常见的故事，而这些故事有些是对国家舍生忘死的忠诚，有些是至死不渝的爱情，有些是天真无邪的童真，有些是钢铁般的意志。这些故事都对人们的心灵产生了强烈的冲击，丰富了人们内心的情感，也获得了来自著作内容的行为与认知的指引，使得人们对人类所具有的各种情感有了更深的认识。而这也是一个人感受美感、创造美的基本源泉。通过对名著内容的阅读，体会其中蕴含的丰富的思想，有助于学生建立正确的人生价值观，能够帮助学生丰富自我情感。事实表明，学生一旦全身心地进入文学作品的故事中，在这个独特的思想环境下，往往能够迸发出更优秀的创造力。例如，一位男生在读过《水浒传》之后写下了自己独特的评价：《水浒传》中的108位好汉就好像108颗珠子，他们共同组成了一个义字当头的项链，为了情谊他们聚义梁山，为了心中的理想不断努力拼搏，他们为了兄弟能够两肋插刀、舍生忘死，他们在义字之下艰难地前行，直至生命的尽头。古今多少英雄人物，为了心中的义字，赴汤蹈火、万死不辞，凭借自己一腔热血维护自己心中的正义。一位女生在阅读《繁星·春水》之后写道："无需粉饰，就是这种含蓄的存在，悄悄地来到，又悄悄地离去，却留下最深刻的印象。"通过学生的读后感我们可以得出，初中生在阅读完名著之后，逐渐有了自己的道德

观念和审美标准，并在名著本身的基础上引申到了自己的行为指向。

（二）深化思想，提升审美水平

文学名著是人类文化的结晶，优秀的文学作品具有永恒的艺术魅力和强大的人文教育作用。名著丰富的思想和精神魅力有助于提高学生的精神境界。人的审美情趣直接关系到人的思想境界，这是文学名著的功能之一。阅读名著是体会民族精神的一种有效的方法，文学经典对学生的健康人格的发展有重要影响，有助于学生形成健康的人格。如奥斯特洛夫斯基所传递给我们的思想：生命是最宝贵的东西，生命对于我们来说只有一次，一个人的生命应该这样度过，当其回首往事时，不因虚度年华而悔恨，也不因碌碌无为而感到羞愧，他应该在临时前能够说，我这一生全部献给了世界上最伟大的事业——为了人类的解放而斗争。这段名言来自《钢铁是怎样炼成的》，这种有关人生观的"呐喊"给学生建立了人生应该怎么度过的榜样，告诫学生不能虚度光阴，要在有限的时间内做更多的事情。在读到范仲淹的"先天下之忧而忧，后天下之乐而乐"时，我们体会到的是先贤无私的奉献精神和政治抱负。文学名著之中蕴含着作者对人生、社会的思索以及独到的观点，虽然这些思想往往复杂深刻，对于初中生来说理解起来存在一定的困难，但是学生仍然能够从其中体会到情节之中的变化，虽然难以体会深层次的含义，但是对于表面的寓意仍然能够获得一定的指导，丰富了学生的认知，使自己对生活有了更新的认识。一名学生在阅读《悲惨世界》时，不理解为什么冉·阿让会因为其他人而牺牲自己，然而，他自己被冉·阿让的行为深深地打动了。当他在这本书的序言中看到：只要本世纪的三大问题——男人因穷困而道德败坏，女人因饥饿而生活堕落，儿童因黑暗而身体羸弱，还不能全部解决，只要在这个世界上还有愚昧和穷困，那么这一类书籍就不是虚设无用的。他才真正地体会到了作者这样写的目的是有关人道主义方向的思考，他在现阶段虽然还不能完整地理解这一点，但是随着社会阅历的增多，以后会逐渐体会到作者这样说的目的，他理解的东西也会变得更加深刻。经由情感进行感染，再通过思想进行表现，这是名著的特性，既有人物之中的情感力量，同时在现实之中也有重要的意义。

（三）体会艺术内涵，强化审美认知

文学作品的突出形象是形成吸引力，成为经典作品的重要因素。许多常见的文学形象已经成为一种具有特殊意义的象征或标志：杜甫代表忧国忧民，陶渊明代表清雅淡泊，保尔代表坚强不屈，鲁迅代表着脊梁等，这些文学形象已经深刻地印在了人们的心里。通过阅读经典，能够促进人类追求幸福、追求进

步、自愿奉献，能够激发人类对于真理的追求。此外，还能够培养学生对多种文化鉴赏的能力，提升了民族文化的重要性，增强了对于美感的感应，更有利于面对事物时的正确看待。现阶段文化繁杂多样，初中生应该强化对名著的重视程度以及尊重，避免学生在这些杂乱的文化中迷失。

一位学生在阅读完西游记之后写下了自己的感受："每个人喜欢西游记的理由都不一样，有些人觉得它塑造的形象鲜明有趣；有人认为其架构宏大，涉及神魔天地，描述天马行空；有人认为它的对比诙谐搞笑。然而我却最喜欢里面的曲折情节，孙悟空作为一个无父无母的孤儿，他经过自己的努力获得了本领，安居于花果山。其实孙悟空最想要的并不是成仙成佛，而是自由，纵观整本西游记，孙悟空只有在花果山时是最开心的。自由一向是相对的，不存在彻底的自由。即便是我们生活在一个处处都是规矩、约束的社会，但是并不妨碍我们拥有宽广的胸襟。在历尽磨难的《西游记》之中，包含着人们对自由的最基本追求，这也是为什么《西游记》能够一直流传至今的原因。"个体的完善与发展离不开精神驱动力，这也是初中生需要健全的基本要素之一。健全学生的人文素养是提高我国国民素质、民族复兴的必由之路。语文教育作为学生性格发展的第一阵地，有着不可推卸的责任，因此阅读名著也就成了语文教学中的关键内容。中外名著都是人类文明史上的精华，阅读名著不仅能使学生接受文学的熏陶，也能够使学生体会到人类的智慧，这对于激发学生的人文素养、拓宽其思想领域有着重要的作用。进行名著阅读也是真正实现素质教育的有效策略，能够缓解现阶段下应试教育的不足之处。

经典阅读能够引导学生追求人间真情，寻求幸福，可以鼓励学生体验到人类命运的艰难和对进步坚持不懈的追求，树立学生的社会责任意识，建立人道主义精神的追求。此外，还可以促使学生对人与周围生活环境之间的关系进行深刻认知。在文化绽放的今天，我们应当坚持尊重和推广经典文化、传统文化，并帮助学生找到正确的道德观点。经典文学是古人先贤对自身智慧、人生感悟、亲身经历的总结传承，为后人提供了宝贵的精神财富，历经历史沧桑依旧指引后人前进，使后来人在人生道路上少走弯路，是后人提升自我的重要借鉴。

（四）名著阅读教学有效促进语文核心素养的实现

语言课程的基本特征是工具与人文的统一，有助于学生语言技能的发展和形成。语言技能是学生学习其他科目的基础，也是学生全面学习和终身学习的基础。核心素养是一项必不可少的特质和核心能力，使学生能够在学习教育过程中逐步适应终身发展和社会发展的需要。我国教育专家提出了语言素养的四个关键点，如语言构建和应用、思维建设与提高、审美和创造、文化延续和理解。阅读赢得了"学习之母，教育基础"的美誉，而名著作为阅读课程中的首选内容，其对于核心素养的促进作用不言而喻。

1. 名著阅读有助于语言层面的积累

名著是历史上伟大的文学作品，积累了丰富的语言资源。名著的阅读过程是语言材料和知识积累的过程。这些材料可以灵活地用于语文的听、说、读、写等各个方面。学生对课外阅读的自然兴趣有助于提高写作技巧。课外阅读的增加比重复写作实践更有效，可以明显帮助学生提高写作技巧。在教授阅读名著时，教师教授和培训学生的重点是听、说、读、写四种技能，并使用各种教学方法和策略，通过特定语言练习活动中的文本习得将学生的语言数据经验消化吸收为熟练使用语言技能。

2. 名著阅读有助于于思维层面的提升

思想的"发展与提升"主要是指通过文学形象的体验和对联想与想象的运用来感受和理解文学形象，从而形成对文学形象的理解和思辨。通过阅读名著来体会名著中的人物，是名著引导作用的重要体现。例如，林冲在《水浒传》中给学生留下了深刻印象，许多人在谈到他们最喜欢的梁山好汉时选择了林冲。林冲的第一印象往往是高超的武艺，为人自律，最后被迫走上梁山。经过进一步阅读，有人开始质疑林冲的人格品质。他真的是群众的英雄吗？我们在阅读原文并进行探索发现后解决了问题，林冲的内心也有残忍的一面：林冲找到敌人并将敌人亲手杀死报仇，这让人心中出了一口恶气，但是为了能够上梁山就要在路边杀人，这让人对其品性产生了怀疑。通过质疑然后深入阅读，人物形象变得更加完整和丰满，得到了升华，具有了更高的情感价值。名著阅读教学侧重于培养学生的探究意识和探究技能，使学生在不依赖教师教育的情况下，体验发现问题、调查问题、找到证据和获得结果的新经历。这个过程是动态的、生动的，这也是学生能力提升的过程。因此，名著的阅读可以探及学生的思想深处，为学生日后的发展提供思想基础。

3. 名著阅读有助于审美层面的优化

阅读对人生的成长非常重要。阅读可以使学生获得日常生活中难以感知到的触动，可以促使学生在特定的情境下体会到作者所营造出来的氛围与情感。不同体裁的文学作品有不同的语言风格、思想感情。名著阅读教育要求学生能够提升自身的审美水平。尤其是一些经典名著，能够培养学生对美好意象的感知能力。例如，在教授《蒹葭》时，教师可以引导学生鉴赏和评价《蒹葭》的主旨思想和语言特征。《蒹葭》在形式上具有叠章的美感，并创造了秋水伊人的美好形象，以传达持久而惆怅失落的感情。阅读这首诗的过程是在欣赏诗歌的美，包括外在表现形式和内在感情表达。这是我国名著的典型代表，在我国优秀的传统文化中，这种名著起到非常重要的情操陶冶作用。同样外国经典也具有独特的审美情趣和优雅的品位。对杰作的阅读就是依赖于此类文本的发现、探索、欣赏。

4. 名著阅读有助于文化层面传承发展

刘白玉曾经说过，名著是知识的"浩瀚的世界，巨大的宇宙"。如果认真阅读著名作品，对其中所蕴含的丰富的历史文化知识进行吸收，有助于培养良好的文学素养。文学名著还包含着丰富的历史、自然和科学知识。例如，《史记》不仅是一部优秀的文学作品，也是一部伟大的历史文献。它比现代历史书籍更丰富，在记录历史的同时还展示了各时代的社会习俗变化。另一个例子是法布尔的《昆虫记》，一本自然科学的百科全书，从中还能够感知许多世界各地的文化与风俗。进行汉语名著阅读时，在丰富的历史人文思想中徜徉，不但陶冶了情操，增加了对中华民族的认知程度，还有助于文化的传承。

二、名著阅读教学的理论依据

名著阅读是一项系统工程，因此有着一定的理论性。大量的学者研究表明，无论是从学生阅读理念的建构还是从阅读内容的提升，目前的教育模式都存在着较大的差距，因此研究名著阅读的教学理论对于发现教学之中存在的问题，有着重要的意义。

（一）名著阅读教学之中的建构主义理论

建构主义是指通过一系列的方式，根据自我的理解建立起来的一种模式。通过建构主义对学生的语文核心素养进行教学，对于正确发展学生的语文核心素养有着非常重要的意义。

1. 建构主义理论之学习观

建构主义是一种强调学习者主动性的知识和学习理论。学习是一个学习者根据自己的原始知识和经验创造意义并创造理解的过程。建构主义学习理论的核心是以学生为中心，强调积极探索，积极发现，积极构建他们所学的东西。建构主义学习理论认为，学习是学习者以自己的方式积极地建构知识和建立对事物的理解的过程。名著阅读强调学生的阅读能力。学生应巧妙地阅读原创阅读体验，以获得独特的阅读体验。教师只能作为此活动的指导，不应该用阅读取代学生。在名著阅读的教学中，学生强调主体应该运用主观能动性，积极与名著进行对话。学生在主动获得文本阅读体验后，可以形成自己对文本意义的理解，形成自己独特的感觉，这是教师教学无法取代的。名著本身通常是一本书或一套书，而教师的传统教学方法无法将内容传达给学生。学生必须充分发挥学习主体的作用，对于难点主动进行分析。学生需要结合自己的实际经历，根据自己的认知对名著进行阅读，要着重理解不同的人物、场景、时间之间的关系，进而理解名著的逻辑性。

2. 建构主义理论之教师观

建构主义理论意味着强调学生时间的自我支配，但是并没有忽视教师的重要性，其不再是单纯灌输知识，而是发挥着自身的引导作用，辅助初中生进行名著的学习。在名著教学中，教师仍然在课程中发挥主导作用，引导学生正确地进行对名著的阅读与学习。教师可以使用合理有效的教学方法鼓励学生阅读。例如，一些学生对于名著阅读存在着抵触的心理，很难读进去，更不要说有什么新的感悟。这时候需要教师通过多种教学方法，激发学生的兴趣，提高学生的学习动机，促进学习阅读行为的主动性。例如，阅读和理解《朝花夕拾》时，可以让学生回忆当初学习的《从百草园到三味书屋》，进而让学生对文章的内容有一定的整体认识。这样减少了学生对新课文的陌生感，拉近了学生与名著之间的关系，有助于学生得出自己独到的感悟，产生个性化的情感体验，进而提升了其阅读水平。

为了使阅读教学更有针对性，教师应该组织学生进行共同学习，在学习的过程中根据难点进行讨论，并引导学生向着更高等级的建构主义发展。有些古代的名著由于时间久远，用词、用语与现代差距较大，学生长期学习难免会产生懈怠心理，造成对名著阅读的热情下降。这时候教师作为引导者，需要对学生进行正确的指引，让学生能够找出问题。

提出适当的问题，以激发学生的思考和讨论，从讨论中逐步得出答案，加深学生对所学知识的理解。在学生名著阅读过程中，教师一直发挥着重要作用。将阅读名著作为活动中心，以学生为教学基本，教师作为引导人，这样才能够充分发挥名著阅读课程的重要作用。

（二）名著阅读之中的阅读理论

《课程标准》指出，教材在进行编写时要注意文章是否具有一定的深度、是否文笔优美、是否符合当下的时代发展。经典名著的选取是其中关键的一部分。名著丰富的思想内涵可以陶冶学生的情操，填充其内心世界，完善其精神世界。这种观点与朱熹在阅读方面的理论是相似的。朱熹是我国宋朝著名的教育学家、思想家，他研究了前人的阅读理念，将自己的读书观念融入其中，对阅读之中存在的问题进行了成体系的研究，开辟了新的阅读教学体系。朱熹在其理论中多次强调学生作为阅读的主体，一定要充分体现其主体地位。他认为，学生在阅读过程中主要依赖的是自己，而教师的作用是在一旁进行指导。教师能够起到辅助作用，帮助学生对难点进行分析，但是真正理解到什么程度，还是需要看学生自身的阅读与领悟能力。真正的学习方法往往最简单，最简单的学习方式却是最有效的学习方法。名著阅读归根结底还是阅读者本身的主体问题，其他的教学方法都是在这个基础之上延伸而来的。朱熹还对读书的方式进行了定义，"若夫读书，则其不好之者，固怠忽间断而无所成矣；其好之者，又不免乎贪多而务广，往往未启其端，而遽已欲探其终，未究乎此而忽已志在乎彼，是以虽复终日勤劳，不得休息，而意绪匆匆，常若有所奔趋迫逐，而无从容涵泳之乐，是又安能深信自得，常久不厌，以异于彼之怠忽间断，而无所成者哉！"这段话表示，在读书时应该专心致志，全身心地投入到阅读之中。

名著阅读教学中要强调学生注意力的集中，阅读过程中必须保证全心地投入，不能简单地对文章进行浏览。名著无论从写作手法还是从思想内涵上讲都相对较深，想要真正理解名著，就需要对名著内容进行反复研究，仔细分析。同时要放下心中的杂念，放空自我地研究名著。长此以往，阅读者精神领域会日益丰富，实现了个性的发展，才能逐渐由了解文学著作表面意思进步到品鉴文学名著的变化。在阅读优美的文学作品时，能够给阅读者带来审美的精神享受。因此，阅读者应该抛却外物，全身心地品味名著。例如，在进行《红楼梦》阅读时，如果能够置身其中，除了在文字、历史等方面获得享受之外，还能够体会到书中构造出的某些洋溢着青春美好的画面。《蒋勋说红楼》自出版以后就受到了人们的广泛热爱，该书从美学的角度对《红楼梦》的人文内涵进行了研究，只有我们从名著中真正获得美感，才能算得上真正意义上的名著阅读。

三、初中名著阅读教学现状分析

（一）初中生名著阅读现状

新课标对于学生关于名著阅读的规定比较清晰，要求学生能够根据自己的实际情况制定阅读计划，广泛阅读多种类型的书籍，其总量不得少于260万字，每学期至少要阅读两部到三部名著。学生在阅读过程中应该具备独自进行阅读的水平，能够使用多种阅读策略，初中毕业时最终达到课外阅读总字数为400

万字的阅读量。通过对名著的阅读，能够更加深入地了解汉语的运用方式，强化语言基础，完善词汇量，还能够使学生养成良好的阅读习惯，最终实现知识和认知价值上的不断优化。名著之中表达的思想与价值取向从侧面也对学生三观的形成有一定的影响。然而经过调查走访可知，初中生一般只能抽出半个小时或者半个小时以下的时间来进行阅读，有些学生甚至不阅读名著。即便是阅读名著的学生，也仅限于教材上提及的名著片段，如《西游记》《水浒传》等。

中学生阅读能力存在的最突出的问题包括如下几方面。

1. 阅读内容过少

大部分初中生并不会将太多的时间用在阅读上，能够坚持阅读的学生更少。而且，这部分坚持阅读的学生也仅仅是读一些篇幅较短的文章，如《意林》《读者》这类的文摘。只有教材之中明确规定的阅读的部分，学生才会在平时认真阅读。初中生真正愿意抽出时间来读书是在寒暑假，但是真正在假期中，这些书籍的阅读率会不断下降，不仅体现在阅读质量上，也体现在阅读的数量上。网络上充斥着大量的网络小说，这些网络小说大部分通过低俗、甚至色情的方式来吸引读者，而且行文根本不讲求思想的传递，纯粹就是为了让学生感觉读起来很痛快。学生在学习之中存在着许多困难，因此会产生一些不切实际的幻想，妄图不劳而获，而网络小说恰恰是迎合了这一点。而在名著阅读过程中，一本名著读了四五遍之后还觉得意犹未尽，仍有不是很明白的地方，其丰富的底蕴与语言表达技巧非常值得推敲。然而，网络小说一般根本不涉及语言技巧的运用，也不考虑文章的内涵，只是单纯地展开有吸引力的情节，在读的时候比较吸引人，但是读完之后却发现空无一物，白白浪费了宝贵的时间。笔者认识的一个学生，沉迷于网络小说，其父母禁止其用电脑看网络小说，他就偷偷拿家里的手机看小说，同时将小说偷偷地写在本子上，当家长发现这一情况时，该学生已经抄写了几十页之多，内容字迹工整，竟然没有任何遗漏，可见其对网络小说的喜爱程度。然而，真正能够经得住时间考验的网络小说并不多，往往是在短时间内便销声匿迹，即便是一些大红大紫的网络小说也在几年之后逐渐消失在人们的视野之中。这种快餐式的小说无论从质量还是从深度上都无法与名著相提并论。名著的阅读时间被短篇阅读所代替，造成了学生无法建立良好的阅读习惯，缺乏了学习与研究的耐性，产生了对名著阅读的抵触心理。

2. 阅读时间过短

新课标提出了"课外阅读总量不少于260万字"的数量要求。然而，在笔者的学校抽样调查中，每周只有一半学生的阅读时间能达到半小时。笔者发现大部分学生的学习压力大，没有空闲时间完成相应的阅读学习任务，应对日常学习使他们非常疲倦。此外大多数学校没有特殊的阅读活动课程，语文教师也很少每周提供阅读课或阅读课程的指导。客观原因的存在大大减少了学生的阅读时间。主观上，许多学生的辅导时间很少用于阅读经典文学。目前初中学习太重，所以大多数学生（特别是初三毕业生）要拼尽全力才可以去完成。沉重的学习负担降低了学生阅读经典作品的欲望。正如学生所说："我的时间几乎全用在学习上了，只希望能考出好成绩，让父母高兴，让老师欣慰，哪有时间顾及我心爱的名著？"在这种思想环境中，仅剩的一点课外时间也让学生用来进行了知识的补充学习。他们倾向于形成以应用为中心的学习，利用有限时间阅读一些与外部学习直接相关的参考文献。一些学习成绩不理想的学生希望通过充满热情的阅读，以逃避失去信心、充满压力的知识学习。此外，"快餐"文化的流行导致了这样一种错误观点：不必阅读书籍论点，大部分名著的相关论述从媒体中就能获得，所以不必阅读文本。浅薄的思想蔓延，占满了学生的时间和空间。相反，学生把时间花在在线游戏、在线小说、漫画和其他"闲书"。他们的想法是阅读名著是没用的，缺乏阅读名著内在的动力。

阅读名著作品的现状是为了应对考试，当考试出现必考的名著内容时，教师会对学生进行阅读与指导，规划出会被考查的部分，让学生自己去读。与此同时，也有学生直接阅读古典文学的摘要，将内容精简汇总在几张纸上。如果小说本身篇幅并不长，如《格列佛游记》这种，教师可能对文章的大致内容进行一定讲解。然而一些篇幅长的小说，教师会将其浓缩为有限的考点让学生去背诵。阅读无效指导的名著，是阅读时间被不断压缩的主要因素。

3. 阅读深度过浅

教师和学生交流发现，学生不喜欢阅读经典，特别是我国古代经典，因为他们无法读懂文章。学生不会深入阅读著名作品，而是简单浏览阅读。一种学生的偏好是阅读漫画和轻小说。过度痴迷漫画导致学生阅读能力障碍，即使它看起来不是很难，但是也无法坚持下去。在中学阶段，学生必须慢慢从形象思维过渡到抽象思维，以提高深刻理解。阅读太多的漫画肯定会阻碍这种能力的发展。然而，阅读经典名著需要学生专心投入其中，并对每个细节进行仔细思索。轻小说的本质是基于情节开展的一系列故事，其便于学生理解，迎合了学生的爱好与幻想。这种小说往往是连载的形式，一般会有几百万字，其强调的情节更接近于奇遇，而价值观均存在问题。学生处于心理成长阶段，易冲动、易沉迷，因此大量的学生迷失在这些小说上，耽误了大量的学习时间。以《红楼梦》

这种比较经典的名著为例，和一些网络小说对比，前者无论从情节还是从质量上都更优秀。因此，要到达《课程标准》要求初中生阅读经典文学的数量要求（初中阶段课外阅读总量最低达到260万字）、质量要求（初步认识和文学鉴赏）还有很长的路要走。因此，在名著的选择上亟须教师投入更大的精力，这不但包括对于名著阅读的正确认识，还包括如何挖掘名著背后蕴藏的内涵。

4. 阅读功利化

学生在阅读名著方面存在的问题不仅仅来自教师方面的不正确引导，也有其自身的选择趋向性。名著阅读起来虽然也有一定的趣味性，但是其内容普遍有深度，学生不愿意浪费时间和精力去理解这些内容。此外，学生在教师与家长的引导下，逐渐地认为阅读名著的目的是为了有效地提高最终的考试成绩，应对考试式的阅读学习相对于大量的名著阅读更为轻松。初中生本身学习压力相对较大，因此其更愿意选择难度较小的应对考试的阅读方法。

（二）教师名著教学水平不一

阅读大量的名著典籍是教师进行名著阅读指南的前提条件，然而许多教师自己的阅读就存在着问题，其自身平时就很少阅读甚至不读，因此无法帮助学生进行阅读名著课程的指导。"当语文教师自身的精心阅读、潜心研究变成一种奢侈时，当大多数语文教师都不去阅读时，教师对学生的名著指导也只能是有心无力了。"教授某特定的名著，部分教师单纯给学生布置明确的阅读作业，之后任学生自由发挥，不再在课堂上提供具体的阅读指导和阅读追踪。学生阅读和理解能力的水平能够达到什么程度，教师也没有及时进行询问。有些教师每学期都会设计阅读指导课程，但是他们只提取名著中的一部分内容进行教学。经典的阅读课程已经发展成为一般阅读课程，缺少了阅读整本书的指导原则。只有真正喜欢阅读的教师才会精心准备名著阅读课，并积极参与学生的学习过程，并跟踪和指导学生的阅读过程，设置练习测试和阅读后问题探讨等过程。教师只有更多地参与到阅读之中，并与学生进行充分沟通，才能够找到学生的兴趣点，并以此为重心开展名著的阅读教学。

学生对名著阅读的不得其法，在学习过程中不能跟上教师的思路，使得课堂成了教师独自讲解、学生无反馈的状态。虽然教师在课堂之上讲解了诸多知识点，但是学生在下课之后会很快遗忘，起不到良好的教学效果。这是由于教师的关注点是"教什么内容"，却不考虑"怎样去教"；学生只认准"学什么内容"，却并不知道该"怎样去学"。长此以往，学生在阅读技巧方面的能力逐渐下降。在应试教育的背景下，教师为了学生能够获得好的学习成绩，只能够让学生进行盲目背诵。这种形式虽然能够应付考试，但是并没有真正理解名著之中的内容。这与初中名著阅读教学目标不符，偏离了进行名著阅读教学的初衷。

"知其然而不知其所以然"的学习方法，与新课标的要求相违背，对学生的身心发展有害无益，忽视了个性化发展，阻碍了学生的创造能力。在进行教学效果测试时评价低、效果差。因此大部分学生对名著不太感兴趣，错误地认为其只是考试中的一部分。例如，在进行初一年级《汤姆索亚历险记》的阅读课时，学生的课上任务就是对其内容进行背诵，而教师下课之前进行知识测验：能够背出几个典型的故事情节；列举里面汤姆、印第安乔等人物形象的特点及代表事件；准确牢记本部作品的四点艺术特征；能够记住对于人物形象描述的方式。如此这般，大部分学生都会逐渐丧失学习的兴趣。

许多教师也明白阅读文本的重要性，但是真正懂得并采取措施践行"要尊重学生的个体体验"的，没有几人。因为在应试教育的驱动下，学生得分考试的结果直接关系学生的升学命运和教师自己的职业报酬。他们希望自己学生阅读经典，但为了保障学生的阅读收益即希望能够在最短的时间内获得最大的效果，许多教师到处收集资料，然后根据自己的经验对材料进行深加工，使之成为能够直接吸收应用的资料，再将其交给学生进行阅读吸收，其最终成果是浓缩了初中阶段的所有经典读物，使之成为一张纸，以应对考试的要求，但是这些作为却和相关要求相违背。此外，有的语文教师表现为缺乏有效的方法和经验，无法引导学生实现经典的读取。

教育部的相关规定对于名著的阅读为学生自读，课堂教学由于受国内经验的限制，仍旧处于起步阶段，在实际教学过程中，没有成功经验可以借鉴。部分语文教师经验不足，因此名著导读仅限于口号，难在课堂遇见。即使偶尔在课堂出现了，也是盲目地进行阅读，事先没有进行充分的准备工作，阅读的目的不明确，阅读内容随意选择，至于阅读的方法更是随性而为。因为新课标规定，名著的阅读属于学生的课外自主阅读，导致在课堂准备名著阅读时，有教师直接把课本分给学生，让学生在课堂上自己进行古典文学的阅读，教师的引导作用未能得到体现。为了应对考试的需求，部分教师在考试之前对考试部分进行标注，之后让学生自己背诵以通过考试。虽然部分教师责任意识强，在阅读课程开始之前按照工作要求进行了充足准备，却忽略了中学生的特点，并与初中学生谈论的版本、写作手法、艺术特色等相对高深的内容，导致了名著本体内容被忽略，学生只是听教师进行宣讲但是却不能理解文章的内容，这种教学导致教师事倍功半的教学效果。

对于名著阅读并不是没有技巧可言，但是现阶段市面上的各个阅读指导类的书籍都是针对的如何提高考试成绩，这些具有功利目的的指导性书籍并不能对学生进行名著阅读产生指导作用。此外受应试教育的影响，大多数家长认为经典文学之类的"闲书"会影响考试成绩，除了有限的名著，大部分均不在考试范围之内，而辅导书能够帮助学生提升考试成绩，因此辅导资料阅读被视为"正确的事"。而阅读经典文学不但不会被鼓励，还会被父母干涉或训斥。随着书籍市场迅速发展，一些家长担心孩子会受到"坏书"的影响，为了保护孩子的身心健康，对所有与考试无关的书籍都进行"封锁"。由于应试教育的压力，一些语文教师的文学阅读支持倾向也改为了以提高成绩为目的，对待阅读的观点也成了"有了一定的阅读量，语文成绩才能上去"和"名著阅读能提供写作素材、提高写作水平"，为了提高写作水平而进行名著阅读，名著成了写作素材的来源。在这种背景下，教师想要改变也是无能为力，这是一种体制的问题，靠一个人或几个人无法解决问题。在此情况下，教师在进行阅读指导时，侧重点放在了对知识的积累上，重点进行知识的讲解，对文章运用的表达技巧的解释分析以及对文章的理解能力锻炼，对教学纲领中的关于文化上的修养提升未能给予重视。因此如价值取向的建立、审美能力的提升等内容均被进行了边缘化处理。在这种有针对性的阅读教学中，学生放弃了文章的内容，在内容理解上过于离散，偏离了名著阅读教学的初衷。因此，大多数语文教育从业者应积极改变语文阅读的现状，回归语文的纯净无瑕阅读。为了应付考试出现的名著赏析题，教师对要求阅读的名著进行了改编，使其成为学生日常练习用的习题，对里面的内容进行了简化，引导学生简要了解内容与考点的复习材料。名著阅读课成了习题训练课，学生提问，教师进行答疑以及指导。在这样的往复循环中，整个教学活动都枯燥无味。这种教学方式破坏了学生思路的完整性，对名著的内容进行深入的了解也就无从谈起。这种本末倒置式的教学使得学生逐渐丧失了对名著的兴趣以及正确认知。虽然学生的成绩得到了一定的提升，但是从本质上讲只是应试能力的提升，并非综合素质的提升。这种名著教学课程可以理解为"捡了芝麻丢了西瓜"，颇有些买椟还珠的意味。教师对于学生阅读教学与引导的缺失容易让学生盲目地进行文字阅读，尤其是在互联网快餐文化背景下，如一些三观不正的网络小说等。这些小说往往具有强烈的文字刺激，一些甚至会涉及色情及暴力，有可能造成学生沉迷其中。

第三章 核心素养视角下初中语文教学原则及评价策略

教育目标的确定是开展教学的基础，教育原则、教学制度及教学方法都依赖于教育目标的制定，教育目标的重要性可见一斑。"基于语文学科核心素养的教学，意味着学科教育模式、教学原则及学习方式也应发生根本性的变革"，这也是在教育目标的协调下进行的，教师教授现代汉语时，必须注意讲学原则的协调。其中教导原则是非常重要的，这一原则受限于教育目标和任务、教育内容、教育方法以及对组织形式的直接影响。"教学原则是根据一定的教育目的和教学任务，遵循教学过程的基本规律而制定的对教学的基本要求，是指导教学活动的一般原理。"教育原则的适当性决定了教育目标的实现程度。初中语文能力的培养需要选择合适的教学原则。初中语文素养的基本动态和终身学习的核心功能应该是统一的，教育原则是灵活的而不是封闭的、是具有鲜明特色的而不是千篇一律的，是创造性的而不是守旧的，这有利于学生的个人特长发展和终身发展。为此，教师应教会学生开放个性和再生产的原则，学生从自我发展中学习，学习如何释放他们的创造力，尊重学生的积极主动性，刺激学生的好奇心。

第一节 开放性教学原则

初中语文核心目标已经从建立知识体系转变为以知识为核心，并强调学生掌握利用语文知识解决实际问题的能力。开放式教学原则意味着在教学过程中，需要打破原有的课堂教学系统，给学生充分的自主学习思考的时间与空间。这种方法使课堂与社会、教科书和生活进行交流，并将学习迁移与知识应用融为一体。这是一种提高学生素养，反映教学内容、方法、手段和材料多样性与整合性的方法，其过程充分发挥课程的主动性、积极性和创造性。初中语文能力的发展需要突破教科书、课堂和方法的限制，在开放的教育环境中培养学生的多样化技能和素质，"语言课程应该开放和创新"。具体而言，开放式教育的原则大致可分为三个层次：思想开放性、手段开放性和方法开放性。

一、思维开放性

教学思维对于教学策略与质量有着非常重要的影响、想要从根本上优化学生语文学科的素养，教师就需要具备开放性的教学思维。教师不但要改变以往以知识构建为核心的教学理念，同时需要重新树立以学生发展为核心的新的教学理念，突破语文学科本身的知识体系局限性和单向性，逐渐建立开放性的教学思维。语文教学的主要目标不再是进行知识的教授，而是建立在人的综合素质全面性上的培养与发展，保证学生具备终身学习与发展的能力，结合学生培养的核心素养，在语文学科知识的基础上将两者深入融合，有针对性地培养学生的语文知识与技巧、表达与创新，注重其文化观念的同化。培养语文核心素养时，不能仅仅局限于教材，而应该放眼于现实生活之中。初中阶段的语文核心素养更倾向于学生通过运用所学的语文知识能够解决实际生活之中的问题，突出的是对知识的灵活运用。因此，在教学之中，应该构建各种与生活相关的场景，引导学生通过所学的知识解决这些问题，并跟踪学生在解决问题过程中的各种缺陷，对这些缺陷进行有针对性的优化与完善，只有采取多元化的评价策略，才能真正发现学生问题所在。语文教学过程中要注重交流过程，这种交流并不仅限于学生与教师之间的交流，而是涵盖了学生与学生、学生与教师、学生与教材和生活之间的交流。作为学习的主题，学生要勇于使用所学知识解决实际的问题，肩负起解决方案的组织与计划，对于一些较难的问题，要能够发挥团队作用，共同解决这些难题。

二、手段开放性

教师要注重教育措施的多样性与先进性，要能够灵活运用现代教育手段，通过对大数据等新型科技成果的使用，深入研究"互联网＋"性质的语文教学方式，积极响应翻转课堂的教改理念，建立智慧课堂。在前所未有的丰富教学方法中，教师需要注意三种教育方式中的问题。首先要注意手段的多样性。在世界教育史上，教学经历了四次变革。在教科书、教具、多媒体技术、互联网手段盛行的时代，教师应根据教育内容直观地选择多样化的教学手段，这也扩大了教育资源的教育目标。其次，要注意教学方法的多样性。教师应该充分利用各种教学方法，日常授课中要做到新颖、创新、有趣，让学生感觉到新鲜刺激，更愿意进行语文学习。《秋天的怀念》具有一定的文学价值，可以选取名家朗读的内容展示给学生；《藤野先生》可以通过与之相关的电影片段教学；《太空一日》可以使用数据进行研究。总之，教学原则就是能够从根本上提升学生的兴趣，通过多种手段来吸引学生的注意力。最后，注意教学手段的使用目的，不能为了使用教学手段而使用教学手段，要时刻明白自己的目标是什么，通过多样化的教学手段实现最终的教学目标，避免盲目使用教学手段，造成了重形式、轻结果的状况。

三、方法开放性

"教学方法是指教学过程中教师与学生为实现教学目标和完成教学任务，以教学原则为指导，在教学活动中运用教学工具和教学手段的一系列活动的总称。"教学方法多种多样，可以依据不同的教学内容、教学环境及教学原则而定。现阶段，可以列举的方式有参与性教学方法、教学实践、教学情境、教学问题、讨论式教学、观察和研究教学、听力和教学经验、教学阅读教学、愉快教学等多种教学方法。在开放式教学的原则下，教学方式的选择不仅仅限于一个。教师和学生应根据语言课程中涉及的问题的性质，选择最合适的方式来学习现代文学。因此，教师要善于运用多种教学方法，组合筛选出最合适的教学方法。学生在教师的指导下设计课程中学习现代文学的过程是灵活和独立的，能够熟练使用阅读、讨论、合作和研究、现场调查、科学实验和其他学习方法等。教学方法的开放性体现在教学方法和相互交流的交叉点上，作为教学主体的教师和学生可以在学习现代文本和解决问题的同时使用各种教学方法，甚至可以引入多维分析来提高开放思维的质量。

第二节　个性化教学原则

知识构建作为中心的教学过程是教授知识—获取知识—测试知识，在某种程度上切断了知识和生活之间的联系，知识的内在统一性和密闭性导致了学生的个性发展受到严重阻碍。初中语文的核心素养目标是培养个体在复杂情境中健康发展的能力。个人核心素养的养成和核心技能的掌握体现了是否能够有效运用两者对实际问题加以解决。初中语文核心素养强调学生的发展和教学原则的个性化。个性化辅导的原则，不是说教师在教学过程中展现自己的独特风格和个人特点，而是立足于学生，在进行教学时了解学生之间存在的差异并对此给予足够的尊重，目的是对每个学生的能力进行最大程度的挖掘，并把对学生的学习自主性进行充分的调动作为教学手段，采取多种形式、灵活多变的教学方法。针对性教学有三个特点，一是保持个性，二是自我管理，三是自我调整。以知识为基础的培训原则对比因人施教的原则，后者从外部知识评估系统中解放出来形成一个独立的主体，认识到了经验的重要性和对象的情绪参与，是全面发展、个人特长发展的一条无法避免的道路。

一、情感个性化

初中语文核心素养发展的核心目标是培养优秀人才，促进学生全面发展和个人特长发展。初中生由于年龄较小，心理发育不成熟，对待事情往往比较感性，所以对初中生进行语文主课程的开展，可以从感情思维入手，着眼于教学内容所要展现的不同情感色彩，吸引学生的注意力及学习兴趣。不同的学生有不同的表达方式、方法，这跟个人的兴趣、爱好、目的、意志、需求、信仰和感受有关。教师应根据学生自己的能力教育学生，发现学生的情感本质，鼓励学生全面发展。现代选文中的作品是文章作家情感宣泄的表达，教师在进行教学过程时，依据选文的实际情况选择适当的教授方法，如朗诵、情景再现、对比等教学方式，对学生进行情感感染，将学生引入作家的情感氛围里，以达到对学生情感进行教育的目的。现代选文中关于情感演绎的篇幅，所涉及的感情内涵十分丰富，包含父子情、母子情、主仆情等，有突破阶级观念的人道之情，有怀念之情，也有悔恨之情。情感的特异性还体现在教师对学生感情体验的尊重，尊重学生在感受文学熏陶时所感受到的情感，对每个学生的感触、感性不能进行简单评判，因为每个人的价值观念不同，对待同一种事物产生的想法不同，没有一种统一的对比标准，对此应当对学生进行适当鼓励，推动学生树立质疑观念和反思能力，使学生具备独立思考的能力。

二、过程个性化

初中语文的核心素养实现了从语言知识学习到写作实践的转变，根据实际问题实际解决的指导思想，学生学习的过程是探索各种学科问题的过程。初中生在中国知识、自然现象、社会生活和现代文化等各个方面都面临着问题，解决问题的过程是提高其能力和文化素养的过程，涉及学生的动机、兴趣、知识水平、个人素质等方面。因此，解决问题的过程是个性化的。在数据收集过程中，学生可以通过"互联网+"的方法充分利用网络中的大量信息进行搜索，整合和分析，也可以通过实地调查、评审和检验来完成。在合作与交流过程中，学生可以选择共同学习的团体，与家长、教师和学生一起组成研究小组，讨论如何解决问题。

三、结论个性化

初中语言素养目标教育的一个关键领域是培养学生在面对复杂的问题时解决问题的能力，这种能力的培养要求学生具有创新型的心理。在以学科知识体系为中心的时代，问题的解答具有唯一性。但事实上，能得出两个甚至是多个答案的问题是存在的。很多时候，同一个问题会有着不一样的结论，很难判定其中某个结论的正确性，或者从不同角度分析，每个得出的结论都有一定的道理。对于现代文章的学习尤其如此。当在同一篇文章中遇到同样的问题时，学生的答案可能存在差异性。如《最苦与最乐》《我为何而生活》等文章中所表现的价值观和生活观，受学生生活方式不同的影响，学生感受到的是一系列的关于生命和生活、幸福和痛苦的感悟，所以教师必须尊重学生的结论。为了让学生加强审美语言的创造力，我们需要培养学生的创造性思维、创新思维和创造性工作能力。但是，结论的个性化不是必需的。中国特色的教育的立德树人任务，是在社会主义思想引导下，面对学生的人生观、价值观、世界观时，在尊重个性化发展的基础上，要对学生进行正确引导，帮助其树立正确的三观，以培养具有优良品质的学生。

第三节　生成性教学原则

以人为本是生成性教学原则的基本要求。在初中语文教学的过程中，这一观点得到了体现，它要求学生解决实际问题时，能够自主运用在语文课堂上学到的知识，根据自己的理解给出问题的结论。生成性教学不仅对教师有着新要求，针对学生的学习也要求创新。初中语文的核心素养应以学生为本，形成学习和实践主题所期望的特征。生成性教学强调课堂生成的新情景（新问题）、新内容、新方法、新过程，更多关注学生在课堂中个性化的生命活动。它不仅要看教师教得怎样，更要看学生学得怎样。在学校获得知识的真正目的是，当它需要的时候寻求怎样获得知识，而不是知识本身。在学校学习的真正目的是在必要时运用手段找到知识，而不是知识本身。生成性的原则是初中语文核心素养的关键教学原则之一，需要使用表述性教学语言、使用生成性思维模式并实施动态教学过程。

一、生成性教学逻辑

教师必须停止线性和封闭的课程实施过程，形成一个非线性、开放的课程概念。教师面对的学生是不断变化的，学生对知识的切入点、接受和思考方面彼此不同。课程的展开不能建立在固定形式的基础上，因此要进行多样化、非固定的教学模式选择。尽管课程实施已经建立了计划、目标和内容，但学生的学习不是依照书本进行，而是采用一种自己的方式组织学习的活动。学生自主建立知识，其过程充满了个性化、独立性，这正是现代教育所要求达到的目标。教学过程是教学资源转化和知识意义构建的持续过程，教育内容也是动态的、生成性的，因而教师不应受现有教学内容的限制，应随时根据自己的需要和意外因素灵活调整教学内容。

二、生成性教学语言

在教育知识的概念中，需要教师协调语言政策，追求准确的语言教学，运用技术语言来分析问题。按照诱导发生教育的原则，教师引出一个开头，抛出一个问题以提供给学生进行思考，自主进行推断需求解决问题的机会，而不是直接从客观的说法给予直接回答。分析类语言和描述类语言对待问题的方式是不同的，在分型类语言环境中，教师是希望学生能够进行详细表述，具有针对性地进行解释，而描述性语言的使用，是对事物进行阐述。在教学过程中，教师希望对学生运用到描述性语言，因为这预示着彼此之间的对话刚刚开始，而针对性语言的运用则表达出了对话即将结束的意思。在实际教学中，教师应该多采用描述性的语言，以此激发学生的发散思维能力，提升学生解决问题的能力。

三、变化性教学过程

在教学情境中实施既定教学计划时，教学过程中出现的变化总是让人难以想象，所以教师不能忽视过程中出现的新知识、新问题、新要求。教学过程的真正推进及最终结果，更多是由课的具体行进状态，以及教师当时处理问题的方式决定的。从这个意义上可以说，一个教师尽管教同一门课，面对同一批学生，但他在每节课上所处的具体情况和经历的过程并不相同，每一次都是唯一的、不可重复的、丰富而具体的，综合规划过程中的培训实施，既有其确定的程序、目标，也有学生的多样性和提问的不确定性，因此教育的过程不仅具有规范性和适应性，也是多样性和创造性的特征。教师、学生、课程教学的资源在教学过程中相互摩擦、碰撞，激发新的想法、需要和方向，受此影响，教育计划要随时进行改变，教师要灵活进行方式、方法、方向的改变，在改变的过程中实现良性互动，量材施教，实施个性化鼓励，这样可以促进学生创造性思维的个性发展。

第四节　教学评价运用策略

评价检测是训练的重要组成部分，目的是查验教育的预期目标、审核教学的过程、判断教学的成果，它对教学上的行为进行价值判断，并以此为依据对教学行为进行改善，以达到教育和培训的目标。语言知识的教学是初中语文教学的重点方向，能够提升学生的美学修养，激发创意思维，增强对不同文化的认同。现阶段，评价策略不可避免要进行适当调整，这是受到了教学目标的改变的影响，所有学生在进行全面发展和终身发展时应当多加注意。由于目前的检测系统的影响来自"考试指挥棒"，导致教师将重点放在语言课程和知识积累的培训学习上，给学生带来了巨大的压力。这种评价方法无助于学生的整体发展。教师应在评价时给予学生鼓励增加他们对学习的兴趣，进行个性化的多方面培养，通过展示他们的表演表达学习兴趣，还应注重学生的社会参与，提高解决实际问题的技巧和能力。其他非绩效评价应该更加注重学生的感受，提高自己的思维能力，实现教育和科学价值，提升关键核心竞争力和素质。为此，我国应改变教学和评价模式，认识开放性评价在教育评价中的重要作用，促进个性的发展。

一、非正式评价策略

与其他领域相比，初中语文的特点是具有非常丰富的情感体验。在学习过程中体验语言艺术，使教师和学生的情绪、感情受到感染，师生联想、感受作者的情感，通过现代选定的文本产生共鸣，生成各种复杂的情绪，体验人生的悲苦惆怅。培养语文能力的最终目标是培养学生的核心技能和核心特征，初中语文学科教师通过非正式评价迅速抓住学生不同的反应，及时发现每个学生个性化的情感，并能够在适当的时机对学生的情感流露进行正面回应，对学生进行诱导，令其对自己进行客观分析，深刻进行自我反思，由此锻炼学生的分析能力、对事物的鉴赏能力及思维方式。

（一）非正式评价的含义

非正式评价是对学生语言表达和非语言表达进行的没有标准规范的测定行为，其目的是更好地督促学生的进步，方式是在讲课的过程中对学生进观察评判，不受形式限制、没有固定标准、情景限制不定，能够随时进行评价，这种实际情景中的评价活动，能够更加真实地反映出学生的实际情况。非正式方评价不是没有评价标准的盲目随机评价方法，具有其自身的定性。在教学过程中，教师对学生的思想、情绪、情感态度、品质等心理特征采取积极的和负面的评价，并及时提供反馈给学生以及进行价值判断。非正式评价包括教师的口头和非口头评价，可用于评价学生群体的集体表现以及个别学生的个人评价。

（二）非正式评价的作用

初中实施核心素养的主要目的是塑造人才，实现教育从知识转移转变到培育人的发展，促进学生的全面发展和个人发展。即使在一个非正式的评价中，教师都能够启发和引导学生的认知、情感、利益和价值观，尊重学生的知识、技能、态度的差异性和多样性的感情，建立平等对待不同的概念，支持个性化发展。非正式评价的差异化进行，对待学生以不同的标准处理，帮助学生在全面发展的基础上实现个性发展和终身发展。

（三）非正式评价的应用

初中语文素养的发展应结合学科的特点，从学生的情感出发。学生有不同的表达方式、方法、兴趣、爱好、动机、意志、需求、信仰和感受。通过非正式评价，教师能够及时发现学生的独特情感和情绪状态，采取个性化措施促进学生的整体发展。

二、表现性评价策略

汉语的核心教学目标已从语言知识转向语言使用，强调学生在现实生活中灵活使用获得的语言知识，体验语言的内涵美和创造性，反映出文化认同和理解的能力。现行的纸笔测试方法可以测试学生的思维、情感态度和创造力，但理论的试卷测试与学生的实际生活情况大不相同，学生在认知上得到的反映显示学生能力较强，但是若处于实际应用状态时水平显示可能较低。纸笔测试评价方法难以满足学生的核心读写需求。具有多样性、开放性和程序性特征的表现性评价有可能实时评价学生语言学科的核心素养。

（一）表现性评价的含义

表现性评价并不新鲜，已在我国和西方的基础教育中得到广泛应用。表现性评价是一种建设性的回应，要求学生写出实际结果（书面表达式、视觉可见式或立体可体验式）抑或通过实际动手（驾驶、演讲、小组合作、演奏乐器）来展现其对学习的掌握程度。新课改特别介绍了教育案例并采取措施促进宣传绩效评价。教育部专家表示，表现性评价可用于解决问题，在某些情况下，学生只使用现有知识和技能来进行判断、操作和处理人际关系，以此对学生的个人素质及知识能力进行综合评判。这种情况在我国和国外教育的表现性评价的定义中也可以看出，以评价在特定情况下使用语言知识的能力，并显示读写状况，检查学生在获取知识上所能达到的程度，应用知识的熟练情况以便教师对其使用能力水平、思维质量和综合素质进行价值判断并提供指导。

（二）表现性评价的功能

表现性评价不是"因评价而评价"，而是补足不能应用纸质试卷测试的非报告知识和技能的功能，能够实现对学生的语言应用的全面了解，更好地指导学生提升自我。一些实用技术通常不会在纸笔测试中被发现。在使用语言的过程中，学生直观地展示了他们在知识、能力、态度等方面的优势和劣势。在这个开放的过程中，教师通过说话、表达和动作等外部行为来理解学生的语言，并对其本人的思考技巧、情感态度、价值和精确的价值进行判断。通过明确的评价标准和及时的反馈，教师能够引导学生关注语文学习，指导学生完成某些任务。在高质量的作业完成过程中，学生使用获得的知识和思维方法来识别表现机会，并抓住机会有效地协调行为，并最终提高他们的读写能力。

（三）表现性评价的实施

表现性评价的实施一般分为七个步骤：一是划定与评价目标有关的任务范围；二是表述要完成的任务；三是明确关注的重点是过程还是结果；四是查验必需的技能；五是需要搜集何种材料用来完成任务；六是应用于表现性评价的指导；七是关于学生的教学。斯蒂金斯所实施的表现性评价分为了三步：选定需要表现的类型；能力展现的背景和条件要进行细致规定；确定准则。通过对比发现，日常教导分为三个阶段能使人更加轻松地工作，评价时设定一个角色给学生，并确定下一个目标建立的情况下，确定作业内容，根据内容的需求建立情景，并安排学生进行角色扮演，执行一定任务。任务的类型不是固定的，大体上是三种形式。最后，评价员可以清楚地定义评价标准并评价此次任务的成绩，以评价学生的能力和水平。第一步是决定作业以"我为何而生活"作为主题进行演讲。第二步是确定内容。《我为何而生活》是国外著名作家罗素的作品。此文对罗素的生活观念进行了展示，罗素的思想对世界青年的成长产生了巨大影响。初中生处在人生的起点，人生观念刚刚开始树立，通过对现代选文的阅读，能够受到文章内所包含的观念影响，提高学生的思想水平，启迪学生对人生的思考。"我为何而生活"的主旨演讲考察的主要目的是学生的思维和思想，之后是语言的实际运用能力，如何对语言进行组织和表达，最后是对学生写作能力、演讲能力、临场适应能力等的测试。第三步是确定评价标准。根据语文研究的核心文学意义和语言艺术的规律性，使演讲评价分数标准合理化。它分为四个主要部分，分别是主题思维、宣讲内容、口语技巧和宣讲效果。

三、成长记录评价策略

培养语文能力的最终目的是培养学生，促进学生的全面发展和终身发展。初中语文核心素养的实现具有程序性、连续性和代际性。根据《全日制语文课程标准》的建议，应该加强形成性评价，对能够反映学生学习语文过程和成效的材料进行收集，例如，反映学生日常表现和潜力兴趣的记录、学生对自己的反思总结、来自周围师生的肯定、家长对孩子的描述等有关学生的平常资料。成长记录的使用可能包括反映学生语言习得过程和结果的信息，如学生的表现和兴趣记录，成长记录是一种基于过程的发展评价方法，过程评价和发展评价的基本特征与语文的核心素养发展是一致的，因此这种评价方法越来越多地受到教师的关注和研究以及日常使用。

（一）成长记录评价的含义

成长记录的价值在于能够对学生的语文实践能力进行评价，成长记录的定义可以理解为有意识地收集学习过程中形成的资料，在长时间的学习过程中，对学生特定的学习过程中产生的数据资料进行记录：这一资料记录了学生知识增长的过程、语言科目知识的掌握程度等。该任务反映了学生的学习成果，记录包括学生的学习、分析和判断能力的提升、学生的自我反思等。通常在学期中或结束时选择一个节点，集中展示学生的知识，技能和核心能力，并及时反馈。教师根据成长记录中的数据资料对学生进行鼓励，以期通过学生的自我反思使其取得更高的成绩。

（二）成长记录评价的功能

成长记录评价战略的应用更为普遍，教育部已提议对成长记录中的学业成就和成长进行全面评价。成长记录提供了学生的成长历程，在进入中学语文老师的参考过程中后成了教师能准确判断学生的学习和发展潜力、思维特征和价值取向的依据。成长记录是很好的学习档案袋，包含了学生的成绩单、工艺品，学生的作品也包括演讲、社会练习，学生可以用它来证明自己的学习过程中的成就。成长记录的内容范围很广，没有确定的目标，可选用素材充足，反映的是学生学习的过程，注重自我反思，让学生的成长和发展趋势成了一个非常重要的侧面评价方法，且越来越受到重视。

（三）成长记录评价的实施

成长记录评价的典型应用是课外阅读记录卡。在笔者创造性地采用课外阅读记录卡后，学生的阅读热情被激发了出来，调动了学生的阅读情绪，使得课外阅读的数量激增，增加了学生的知识储备。笔者开展了一年的教学实施，运用阅读记录卡对学生的成长记录进行评估。这一活动设定一个月为一个周期，记录卡的填写时间是在阅读完成之后，填写的内容包括读物的版本信息、全篇文字数量、情节内容、人物代表、读后感受，学生进行完整填写后将其放进自己的成长记录袋。教师和学生进行月度审查，回味阅读过程和阅读结果，并由教师指导学生进行反思和自我评价。并组织开展阅读报告会，对课外阅读进行专项评比，通过进行演讲、讲故事、描述阅读体会等形式进行课外阅读的成果展现。在这一年的实践教学过程中，阅读原则按照自由阅读与专项阅读相结合，学生按照个人的爱好进行自由阅读，随便选择阅读文章；在进行专项阅读时，学生在老师推荐的阅读目录中选择文章进行阅读，一般作品的来源是从指定的作家的成果中进行筛选。根据初中语文核心素养的发展需要，笔者推荐学生阅读鲁迅的散文《朝花夕拾》《野草》，短篇小说集《呐喊》《彷徨》，杂文集《华盖集》《南腔北调集》《且介亭杂文》等篇目。在学期结束时的阅读报告会上，学生们分享了对专项阅读的收获。其中阅读量第一的同学，阅读了近百万字，已经将鲁迅先生的小说著作和散文作品阅读完毕，并且对部分的杂文进行了阅读。大多数学生阅读了沈从文、萧红、老舍等名家的代表作品《边城》《呼兰河传》《四世同堂》等，学生们针对其阅读内容总结了高达 10 000 字的个人阅读体验。通过这一活动的实施，阅读卡式阅读大大提升了学生的阅读兴趣。这使得学生语言应用能力和创造力都得到了大幅提升，同时加强了学生的美学鉴赏能力。这表明，使用课外阅读卡能进一步提高学生的语文核心素养，从侧面也体现了课外阅读卡这一成长记录评价的有效性。教师评价方法各不相同，教师应采用基于学科特征，能够突出主题和内容的阅读方法。

本章就初中语文的核心领域教育归纳了三种相对实用的评价方法，其使用与其他的有效评价方法并不冲突和排斥，相反这三种方法的加入使用是对纸笔测试、最终评价进行了补充，在保障学业测试、考试筛选的情况下，对语文教学评价机制进行了完善，是一种促进初中语文教学发展的尝试。对此，我们在开展评价作业时需要施用适当的评价方法，采用科学且能够全面掌握学生能力水平的综合评估方式，以测试学生对知识的掌握、语言能力、实践水平及创造思维、感情倾向、价值观等，以达到发展初中语文核心素养的目标。

第四章 核心素养视角下初中语文教学突围策略

核心素养视角下初中语文的教学突围是根据核心素养的内涵与定义，并结合了在实际教学之中的一些经验制定的。本次研究的突围策略并不是从理论层面上进行的分析，而是结合理论与实践共同提出的，其可实施性强，更容易获取教学效果反馈。

第一节 文言文教学重点策略

文言文教学重点首先应该从教学的内容出发，找出核心素养视角下初中语文的教学内容，并对其进行科学的划分、教学。核心素养视角下初中语文文言文教学应该由原来的语法教学转变为人文教学，逐渐地渗透我国优秀的传统文化，提升学生综合素养。

一、核心素养视角下初中文言文教学内容研究

《义务教育语文课程标准 (2011 年版)》表示，语文教学的重点是孩子语言能力的提高及其综合素质的培养。通常来说，我国的教育形式下，语文教育不仅要帮助学生提高文化素养，教师还要有意识地引导学生的性格、三观等朝着正确的方向发展，在充分发挥语言学习课程功能的同时，提高学生学习其他课程的能力，为学生的整体发展和终身发展奠定基础。核心素养也表明"人的全面发展"是教育的重点。根据目前的研究成果，语言主题核心素养的实施分为四个方面：语言的建构与应用，思维模式的发展与提升，审美的欣赏与创造，文化的传承与理解。除课程和目标外，还应该从读、写概念中查看课程内容。同时还应深入理解文言文的学习目标，即文言文教育的内容，这是由文言文的教育目标决定的。

（一）积累文言字词，关注文言现象

学习文言文的过程中，首先要采用科学的架构和信息语言，来对学生的语言表达能力进行培养，这是文言文教育的特点之一。对于文言文的学习来说，应注重培养学生的阅读和理解能力。但在阅读的形式上，要基于文言文在实践中的应用，并根据学生的特点，采取正确的讲授方法来提高学生的语言能力。就我国语言文字的发展情况来看，现代汉语的语法和语意相比古代汉语，存在很多的相通之处，这里所说的学习文言文的"言"并不是对古人对语言的表达方式的学习，而对古今汉语的相通之处进行学习，进而加深对古汉语的理解，然后在此基础上加深对文言文内容的解读。通过展开想象，去体会古人的表达方式、生活方式、年代背景和心中所想。对中华民族的优秀文化和传统美德、民族精神实现良好的传承和发扬。进而促进自己的思维能力、想象力和审美能力的提升。

1. 积累文言字词

由当前的教育现状可知，中学生在学习文言文时，感觉到较为困难的地方是对中国古人的表达方式的不熟悉。这是因为学生并没有确切地了解所学文章的表达内涵、作者所处的年代及生活背景。现代汉语与古代汉语存在一定的区别，阻碍了学生的理解。如同样的词语在古代与现代语义上差异较大。了解文言文的确切字面意义异常重要，它可以反映作者的思想感受，使学生更好地理解文章的内容和作者的思想感情。因此，教师在教学过程中要注意甄别现代汉语与古代汉语的区别，并有针对性地进行古代汉语的知识补充。由于文言文词汇具有一定的难度，因此在教学过程中，需要根据学生的具体情况进行有针对性的教学。例如，已经在七年级学习过的知识点，在八年级时需要用到，那么就不再适合用教授新知识的态度去重复他们的教学方式。此外，教师所教的内容必须由具体文章决定。一般可以采取以下策略。

（1）结合自身经验自学。对于某些文言文，学生仅仅依靠课本上的注释内容也可以看懂文章的意思，完全不需要教师将文中的关键词一个一个地解释给学生听，这样完全是在浪费宝贵的课堂时间。有的文言文中的关键词古今释义会有非常大的差距，如我们常用的"走""亡"等词，其在现代汉语中的意思与文言文中的意思差距非常大。对于这种情况，教师需要重点讲述二者的区别，以防学生在理解方面产生混淆。然而，对于一些没有这样的词语的文言文则不需过分专注于关键词的讲授。例如，有的文言文内容较为简单，而且其中的字词大部分在以前的文章中学习过，则教师不需花费大量的课堂时间去进行

文章内容的讲授。比如，在八年级的课本中有一篇文言文叫《两小儿辩日》，当中有个"曰"字，其实早在七年级的时候，学生们在《论语》一文当中就已经学习了这个"曰"字，此时，教师就没有必要在课堂上花费大量的时间对这个字进行解释了。

（2）教师对重点指导。在早期的汉语教育中，教师必须充分强调当代汉语中具有相同或相反含义的词汇。特别是常用的文字或词汇具有不同的含义，并且由于时间跨度较大，我们无法将当前含义放在文言文中去理解。这些词在我国古代词典中通常具有不止一个含义，并且更难以一个一个地去区分它们。例如，在《桃花源记》中，"寻病终"和"寻向所志"这两个词中都有一个"寻"字，同样是一个字，不但古今含义不同，即便是在同一年代背景下，在同一篇文章中的不同句子里也是不同的意思。"寻病终"中的"寻"是随即、不久的意思，而"寻向所志"中的"寻"是寻找、搜索的意思，二者有着很大的差别。教师在讲授这一课时尤其注意要重点讲述这两个"寻"字意义上的区别，防止学生发生混淆，影响其对文言文的理解。再有一种情况就是，某些词汇的古代含义和在现代汉语中的语意存在较大的差异，在该篇文章有"交通"两个字，其在现代汉语中的意思和在文言文中的含义差异很大，教师在课堂上要提醒学生注意区分。

（3）进行深层次的探究。当前的文言文教学中，教师往往注重文字表面意思的教学，而忽视了结合作者所处年代和其生活背景的了解，对待文言文教学缺乏深层次的研究。在文言文教学中，仅仅针对单个字词释义方法教学是难以让学生理解文言文整体意思的，对作者写文章时的心情更是一无所知，更谈不上对文言文美感的研究了。比如，"也"字是一个虚词，它在不同的语境下代表的意思是不一样的。教师仅仅对其本意进行解释，只会听得学生一头雾水罢了。我们举个简单的例子，在《醉翁亭记》中开头一段就有"环滁皆山也"一句话，这个"也"体现怎样的语气，表达了作者怎样的心情和意境？我们去掉这个"也"字，再读一遍《醉翁亭记》会不会有不同的语气和不同的感受呢？这些问题值得我们深思，在文言文的教学中，也值得教师对学生提出这些问题，对该篇课文进行深入研究。同时，还应拓展一下思维，比如，在讲到这个"也"字时，要联想一下这个字在其他文章中的用法，柳宗元的《小石潭记》中也多次出现了这个"也"字，此时它的用法又有何不同？又有何意义呢？两篇文章的作者是否存在的一样的心情呢？《醉翁亭记》与《小石潭记》两篇文章的作者都是历史上优秀的散文家，二人以其出众的才华共同被列入"唐宋八大家"，这两篇文章又都是写于作者被贬时期，那么二人的心情又是否相同呢？这些问题都值得学生对其展开讨论，以其对文言文用词的深入探讨，增加对文言文学习的趣味性和知识的掌握。

（4）借助字词教学引入文言知识。在文言文的教学过程中，需要教师借助字词的教学引入相关的文言文知识，有助于学生更好地理解文言文和积累文言文知识，使之在日后学习中的基础更加牢固。我们都知道有一种叫作互文的文言文知识，在七年级语文课本的《木兰诗》一文中多次体现，如"东市买骏马，西市买鞍鞯，南市买辔头，北市买长鞭"，还有"将军百战死，壮士十年归"等诗句中就多次体现了互文的写作手法。通过对《木兰诗》的学习，学生已基本了解了互文这一文言文知识，等到其升至八年级时会学到范仲淹的《岳阳楼记》，其中一句"不以物喜，不以己悲"的千古名句也同样是用的互文手法。在此之后学生还会学习到白居易的《琵琶行》，其中学到"主人下马客在船"时，对其中所用到的互文写作手法就已经熟知了，也非常有助于其对全诗的理解。所以，在进行文言文的教学时，教师应当注重引导学生对文言文相关知识的掌握，不但可以加深学生对该篇文章内容的理解，更可以为其以后在文言文的学习中打下牢固的基础。

2. 关注文言现象

我国文言文的写作与文化背景有关，包括特殊句型、词语用法，古代汉语和现代语法知识方面有着较大的区别，文言文的语法知识非常复杂，具有许多语法点，包括文言文词汇和语句。针对这种现象，王荣生教授认为文言文语法的学习不符合现代教学的目标。也就是说，学习这些语法并不是目的，所以需要了解一下文言文中的词汇的意思才能更好地理解这篇文章。基于此，教师可以补充我国古代文化背景方面的内容，引导学生对文言文作者当时的处境加深了解，从而提高学生对文言文的解读，提高学生的阅读能力和学习效率。目前，中学语文教科书中古诗词的比例约为1：3，所选文章大部分都较为经典。为了研究的准确性，笔者对初中教材中包含的一些文言文语法进行了总结与解读，主要是针对一些特殊的句式，如宾语前置、状语后置等，还有一些词类的活用情况，如名词动用、形容词动用等，还有"之乎者也"之类的虚词。学生加强对这方面内容的掌握后，将有助于其更好地理解文言文内容，提高其学习成绩。

（1）文言实词。对一些学生看不懂文言文的现象进行分析，得出原因为其对一些实词的用法了解得太少，同时在文言文中实词的用法存在多样化的特点。主要体现在一些词汇古今异义、一词多义和存在本义和引申义的区别，学生对此了解不够，自然在阅读文言文时就会存在较大的难度。

首先来讲一词多义。顾名思义，一词多义的意思就是一个词汇存在多种合理的解释。面对这种问题，教师在讲课时，一定要格外重视对学生讲述同一词汇具有的不同含义各是什么，并对诸多解释加以区别，以防学生以后在使用中发生混淆，另外还要注意向学生解释什么是文言文词汇的本义，什么是引申义，注意区分两者用法的不同。

　　其次，是古今异义的词汇，针对这部分内容，教师要向学生说明某个词语古义和今义的区别，然后鼓励学生发起联想。比如，我们熟悉的"亡羊补牢"的"亡"字古义是"丢失"的意思，而今天的意思是"死去"，这里面的区别就大了。还有现在我们常用的"走"字，今义就是"走路"的意思，而古义是"跑"，倘若我们以其今天的意思去理解文言文，肯定会产生严重的歧义，类似的例子还有很多，为了加深学生的记忆，教师可以将一些古今异义的词汇整理到一起对学生进行专题培训，使其加强这方面词汇的掌握。

　　再次，文言文中词类活用的现象也经常出现，常见的有名词做动词用，形容词做动词用，形容词活用为名词等，我们现在以"名词动用"为例，解析一下它的用法，例如，在初中语文课中有一篇文言文为《狼》，其中有一句话是"一狼洞其中"，其中的"洞"字就是典型的"名词动用"，"洞"字本是名词，其在此处的意思是"打洞"。除此之外还有一种叫作"形容词的意动用法"，如在《桃花源记》中，"其人甚异之"中的"异"字本是形容词，而此处的意思为"以之为异"。通过让学生学习文言文中的词类活用现象，不但可以提高学生对文言文的理解能力，还可以使学生对文言文的词汇灵活运用，提高其写作水平。教师应该积极总结规律，对这类知识进行总结和梳理，在教学中加以引导和充分讲解，使学生提高对词汇的运用能力。

　　最后，是关于文言文中通假字的学习。古今文字大体相通，但是古时候没有现代这么多的文字，有时候需要用到某个字时发现没有这个字，就会用一个相近的字代替，称之为通假字。当然，有的通假字也是由于古人书写错误造成的，如韩愈的《师说》当中有"或师焉，或不焉"中的"不"就是通假字，通"否"，还有大家所熟知的"风吹草低见牛羊"中的"见"通"现"，教师在文言文课程教学中，遇到通假字的情况，一定要教导学生仔细辨别，如果以其现代意思去理解文言文，不但读不通，还会闹了笑话。通过对通假字的学习，可以使学生加深对文言文的理解，使其掌握更多的文言文知识。

　　（2）文言虚词。文言文中的虚词是十分常见的，它一般出现在句子的末尾，并没有实际的意义，往往被当作语气助词使用。比如，初中课本中的《论语》一文中，"有朋自远方来，不亦乐乎"的"乎"字，还有"温故而知新，可以为师矣"中的"矣"字，都是语气助词。除此之外，我们常见的虚词还有"之、者、也、哉、焉"等，其用意大体相同，个别虚词可能会有特定的用法。总之，文言虚词在文言文中出现的频率非常高，学生对虚词方面知识的学习也不容忽视。教师应对该部分词汇认真加以总结，引导学生进行区分以及掌握虚词在不同情境下的不同用法。

（3）文言特殊句式。在初中文言文的教学中，经常会出现特殊句式，对学生在文言文的理解上和文言文教学方面带来了一定的难度。文言文中常见的特殊句式有倒装句、被动句、省略句等，尤其以倒装句出现的频率最高。文言文中特殊句式的学习并不是文言文教学目标当中的教学任务，但是为了更好地对文言文进行理解，就必须学习在文言文中出现的特殊句式，如此才能保证学生们的学习质量。前文中说过倒装句是文言文中最为常见的一种，我们在初中语文的《童趣》一文中有"私拟作群鹤舞于空中"一句就是典型的倒装句，该句的正常表达方式应该是"私拟作群鹤于空中舞"，是属于状语后置的倒装句。对于特殊句式的学习，教师也应该引起重视，因为该部分内容在学习上较其他方面来说存在着较大的难度，教师应该积极引导学生正确地理解文言文中的特殊句式，才能保证对文言文整体内容上的理解，真正保证文言文的学习质量。通过对特殊句式的学习与训练，能够让学生具备文言文思维和具备对文言文的独特审美能力。

（二）理解文章结构，加强思维训练

关于语文的核心素养，其第二阶段是思维技能的发展和提高。这就要求语文教学方法要注重学生的思维，运用语言学习，培养学生的思维，注重提高学生的思维能力。语言是思想的工具，没有语言的思维就不存在，思维是语言的内容，没有思维就没有语言。孔子说："学而不思则罔，思而不学则殆"，就明确地说明了学习和思考之间的辩证关系。中学生具有丰富的想象力、积极的思维能力和对知识的热情，因此在中学培养学生的思维能力，培养学生的创新能力和精神尤为重要。在早期的语文教育中，教师倾向于忽视文学和文化遗产的欣赏，忽视学生的思维能力的培养，专注于文言文的教学。在中学语文教科书中选择的课文都是充满文学美感的杰作。尽管选入课本的意图都不同，但每篇文章的内容都很丰富，都为我们带来了文字的美感，传承了民族精神和美德。这些经典的文章由来已久，很多人从不同角度表达了不同的意见，这些观点之间的冲突为我们创造了一个思考和辩论的空间，这对中学生来说，非常有利于其提高思考能力和辩证能力。这些经典的文章，在教师授课新思路的指导下，能够帮助学生提高学习语文的能力，以获得批判性思维和创新思维的训练和成长，为学生获得良好的学习体验。教师应探索语文教育的价值，重视其作为重要课程的一部分，帮助学生提高审美能力，提高他们在文言文学习中的思维能力，使学习成绩得到提升，进而使得教学质量得到提升。

1. 在语言学习中发展批判性思维

在语文教育中，批判性思维是评估、比较、分析、批评和综合信息的能力。在文言文教学中使用这种思维，要求在阅读文章时要勇敢地对作者的观点提出疑问，这就要求我们要展开全面分析。在语文学习中，思想的培养当然不能与语言的土壤分开。文言文的文学和文化元素均与所有文言式词汇的使用有关。因此，教学中要求教师仔细分析情感丰富的文言文词汇，引导学生在学习文言词汇的过程中通过深入思考获得全面理解。还有，为了理解文章的内容，教师必须鼓励学生思考和探索文章的内涵。教师还可以参考其他人对该文章或作者所进行的评论内容，通过综合其他人不同的看法，使得学生对文章的理解更加深入。批判性思维侧重于思维过程，因此教师在进行语文教学时要尽量留给学生思考的空间，帮助其树立良好的思维习惯，进而可以培养学生的批判性思维。另外，除进行文章本身意义上的教学工作外，还需要鼓励学生大胆地质疑文中观点的合理性，树立批判思维，以批判的角度去读书和学习，将会获得新的见解。

2. 在语言学习中发展创造性思维

语文教学中，创造性思维是基于承认社会发展需要和现代教育的发展要求，满足培养学生全面发展的良好教学理念而产生的。因此，语文教学要注重培养学生的创造性思维。现代汉语是基于古典文学发展而来的一种语言。这一过程中，产生了无数的文学作品和文学艺术表达形式。如成语、谚语等都可以在文言文中见到。在文言文教学中，教师可以以此作为激发学生创造性思维的起点。教师可以要求学生在学习这门课程时对文章加深了解，探索未知的内容，期间不但可以引发学生的兴趣，更可以激发学生的创造性思维，使之在学习文言文方面获得新的知识和见解。七年级的《桃花源记》就是可以激发学生想象力的一个例子，学生可以在课前就对文章进行通读，运用课本中给出的关键词注释并借助字典、词典等工具书对文章的大致内容加深理解。在读到渔人发现洞穴一段时，学生还不知道那就是通往世外桃源的入口，此时学生们可以充分地发挥自己的想象空间，大胆地设想一下渔人钻进山洞后会遇见什么。对于初中阶段丰富的想象力来说，那将是一个丰富多彩的世界。教师此时可以要求学生们就这一话题进行交流，每个人都尽情发挥自己的想象空间，畅所欲言。这样不但可以激发学生们的创造性思维，更能活跃课堂气氛，提高学生们对文言文的学习兴趣。在讲述完本课后，还可以对学生提出写作要求，让学生把自己的想象内容通过文字表达出来，看看每位同学假设自己是渔人后都各自发现了一个怎样的世界。此举不但可以有效激发学生的创造性思维，更是使学生得到综合提升，使学生受益颇多。同样的例子，在《木兰诗》中也有很好的发挥空间，木兰替父从军时，"万里赴戎机，关山度若飞"，短短十个字就把木兰万里从军路描写完了，期间路过了哪里，发生了什么，又在哪里开始打仗，经历怎样的惊险场面，只能靠我们发挥想象力才可得知。"朔气传金柝，寒光照铁衣"，短短十个字就写出了木兰在军营的生活很艰苦，具体什么样作者也没有写，还是得依靠同学们发挥想象力才可得知。"将军百战死，壮士十年回归"，又是短短十个字，就把木兰参军十多年的军旅生涯概括完了，期间有多么辛苦，对敌作战多么紧张，打仗伤亡情况怎么样，我们也不得而知，依然是一道想象题。毋庸置疑的是，如果学习该篇课文时，教师没有引导学生适当发挥自身想象力，那么学生就不能对木兰从军的情况有深入的理解。所以引导学生发挥想象力，建立创造性思维，对学好文言文来说很有必要。当然了，这必须是在重视文言词汇量的积累的基础上发挥创造性思维才能获得真正的提升。

（三）接受文言熏陶，积淀文学素养

在语文课教学过程中要向学生传递良好的文化感染力，提高学生的审美能力和审美情趣，获得全方位的提升效果，才是我们的语文教学目标。总体教学目标和内容方面的要求是让学生通过学习培养爱国主义情怀和对民族精神文化的传承，不断提高自己文化审美能力和道德素质。提高学生的审美能力也是语文核心素养的含义之一。在此方面，王芳教授也认为"语文应关注学生的情感发展，使学生受到美的文化意识和审美情趣，审美观和创造力的影响"。文言文记录了我国的古代文化，它包含了人类文明的历史，将古代人丰富的精神文化传给了我们。能够入选初中课本的文言文，必是经典文章，文采斐然、含有丰富的文学价值。中学阶段的学生还没有形成固定的价值观念，正处于需要通过学习来引导其树立正确的价值观念的时期。通过对初中文言文的学习，使其感受到文化的魅力，感受到文字之美，感受古人的情操与气节和坚韧不屈的民族精神，正是帮助学生塑造完美人格的良好素材。因此，这个阶段的教师必须要重视对学生的文言文教学，合理引导学生对古人的优秀思想进行传承和树立正常的价值观念。

1. 挖掘审美因素，培养审美感知力

（1）品味文言文语言之美。文言文中的"言"字非常具有审美价值，除了其传统文化的载体这个功能之外，经典、优美的语言、韵律也都反映在"言"中。古人非常关心写作时语言的推敲，所以所有的词汇都含有深意，我们才有幸可以通过语言进入古人的内心世界并深入了解他们的作品之美。我们可以分析一下当前被选入初中语文教材的文章，其无不在节奏和韵律上反映出了无与伦比的美感。那些关于文字的精心雕琢、情境的真实描绘，让人读起来心旷神怡。所以在文言文的教育中需要教师带领学生去深入挖掘文言文当中的美感，总结古人用语、用词的规律，了解古人生活的背景。同时在学习这些具有独特美感的古文时，为了气氛的烘托，也可以辅助以古风的音乐、图片，使课堂更具古香古色的美感。我们以《关雎》为例，其全诗韵律优美，曲折反复，让人读起来充满了韵律和音乐美感。教师在讲解这篇文章时，就可以辅助以一首古曲做背景音乐，音乐之美与文章韵律之美、文字之美相结合，使学生更容易感受到文言文的美感。其实《诗经》当中的很多作品都是具备这种美感的，古人习惯用歌声来表达自己的感情，我们现在学习的这些诗篇在作者当时那个年代一定是广为传唱的，尽管它们的作者是谁已经无法知晓了，但是这些诗篇将永久地流传下去，被奉为经典，它们的美永远值得后人去追寻。教师在讲到《关雎》这一课时，可以同时让学生们朗诵其他《诗经》中的名篇，以增加同学们的联想能力，营造具有美感的氛围，让学生提高自己的审美能力。

（2）品析人物形象之美。中国经典文言文塑造了很多美好的人物形象。教师不但要引导学生细细品味中国古典文字之美，还要领略文言文中塑造的人物表现出的优秀的品质，从而对自身的学习习惯和性格的塑造起到积极作用。《木兰诗》中塑造了一个果断勇敢、孝敬父亲、敢于承担、不慕功名的女英雄的形象，她的孝顺、勇敢，体现了古代人民的传统美德。教师在讲这一课时，一定要认真分析花木兰这个女英雄形象代表的传统美德，引导学生对这个人物形象进行评价，其带给学生的正能量思想的感染，必能促进其成长期正常价值观念的形成，使他们可以学习和传承传统美德，做一个孝顺、爱国和有教养的人。这些方面都将有助于学生树立正确的思想价值观念，也有助于学生其他能力的全面发展。所以文言文的教育既要保持掌握对字面的理解，又要在美学角度提高理解能力。这样才能提高学生的审美能力，感受人物形象的美，进而做好对自身性格的塑造和对传统文化的传承。

（3）感悟思想情感之美。在对文言文的学习中，我们不只是要学习其"言"和"文"，更要了解作者生活的年代背景，对其文章去深入研究和探索，结合其年代背景去解读其文章，这样就会有新的见解，能更好地了解作者的内心世界，进而体会到作者的情感和其想要传达的某种精神。有的文言文表达了自己的思乡之情，有的表达自己的爱国情怀，有的安贫乐道，有的忧国忧民。教师应该引导学生通过对文章的通读去体验到作者蕴含在文章中的丰富的情感，如《岳阳楼记》，我们学此篇课文时，一定要让学生通过多次诵读去理解文章的意思，同时找出那些承载作者丰富情感的句子。如"先天下之忧而忧，后天下之乐而乐也"，感悟其是如何表达作者忧国忧民的情怀的。再有《爱莲说》的作者周敦颐，通过文中说自己欣赏莲的高洁来比喻自身的高洁，不与世俗同流合污的志向，是典型的借物言志的文章，在学习时一定要注意引导学生对作者情感方面的掌握。

（4）体验自然万物之美。一些文言文作品描述了壮丽的自然景观，以及对一些鸟兽虫鱼进行了经典描述，为我们营造了一个丰富多彩的古代自然世界。我们通过学习作者的文章可以充分体验到自然的鬼斧神工和美丽风光，以及各种鸟兽、昆虫的相处、争斗的画面。正如《三峡》中，作者郦道元充分展现了三峡地区的自然风采，山川错落有致的形态，然而通篇只用了二百余字，就把三峡的山美水美展现了出来，可谓用语精练。大自然的美感也包括了作者无限的情感，这篇文言文就融进了作者对祖国大好河山的无限热爱。因此，教师在授课时，应该辅助以多媒体形式教学，在课堂上播放一些自然风光的图片、录像等，让学生领略到文中所描述的自然之美，从而让学生感受到大自然的无限魅力，借此也提高了学生的审美能力和热爱自然的高尚情感。另外还需要对学生加以引导，培养其热爱自然、保护自然的观念。

2. 在审美中积淀文学素养

通过对文言文的学习，提高学生的文学素养，是一条非常好的路径。新课标中也规定了要把学生培养成全面发展的人才，所以通过文言文的学习提高学生文学素养是语文教学的目标之一。文言文的文字之美和丰富的词汇资源完全可以提高学生词汇的积累量和文学水平。文言文中除了包含大量的语言、词汇，还有丰富的情感、哲理、美德等。培养学生文学素养的同时，文中蕴含的爱国情感、道德形象也对同学们的人格和三观的养成产生了熏陶的作用，有助于促进学生的全面发展。

（四）积累文言知识，传承传统文化

"对丰富的中国文化有广泛的了解，学习民族文化的智慧，关注文化生活中的营养素的良好吸收，尊重文化多样性，提高学生的审美。"说明了语文课承载了传承优秀文化和传统美德，提高现代中学生全面素养的重任。文言文不但是文化发展史上的一个载体，更是文化内容的一部分。因此，传承这份珍贵的文化遗产，使学生们获得文化素养的提升，继承和发扬民主文化，这也是文言文教育的重要内容之一。

1. 积累一定的文化知识

（1）积累古典语言文化和文化常识。在中国五千年历史长河中，先辈们留下了无数的优秀文言文作品，这些作品又记载着中华民族灿烂的古代文明。通过学习文言文，我们可以了解到很多社会常识和文化常识，包括作者当年生活中的一些风俗、礼数和常用的称呼等丰富的内容。进行文言文学习时，教师应该引导学生对文中的上述元素进行深入挖掘，并结合当时的社会背景，对文章有更加全面的了解。在《送东阳马生序》这篇文言文中，学到"既加冠"三个字时，可以引导学生进行分析，其中蕴含着一个古老的礼节，加冠就是当时的成人礼，表示男子到了 20 岁时要进行的一种仪式。通过对这个社会常识进行分析，我们可以知道，作者其实想表达的意思是，自己 20 岁那一年或者自己在成年之后。了解了这些文言文中蕴含的内容，才可以对古文有更全面和更深刻的了解。另外，教师不但要要求学生学习文化语言，更要向学生及时补充古代文化知识，包括当时的年代背景、文化习俗、官职称谓等，从而让学生掌握更多的知识点，对文章理解起来更加容易，更易于促进学生的全面发展和综合素质的提升。

（2）学习传统优秀思想观念和人格文化。引导学生学习文言文中蕴含的优秀的传统文化和思想也对学生的成长有显著的影响，例如，在学习《陈太丘与友期》一文时，学生可以了解守信用的重要性，对学生在人品的修养方面产生积极影响。再如《鱼我所欲也》这篇文言文，孟子告诉我们对于一些东西需要懂得取舍。这些文言文或讲述故事，或论述哲理，都包含优秀的民族文化和思想，教师通过对学生解读这些文章的精髓，让学生收获知识的同时，更能够提升自己的道德素质。

2. 传承优秀的传统文化

学习中国传统古典文化是现代文言文教学的目标之一，它使学生能够继承其文化知识，也是古典汉语教学的重要组成部分。因此，在选择课程内容时，教师应首先考虑文化遗产的影响，帮助学生在面对这些优秀的文化时，树立正确的态度。其次，要清楚地了解应该继承哪些内容。文言文中内容非常丰富，但是必须将这种文化传递给学生吗？必须承认的是精华和糟粕都存在于丰富的传统文化内容中。如果你学习古代汉语，就需要从历史社会的角度看到这些文化内容，并且必须有选择性地去继承这种文化。在教学中，应当消除当代社会的封建思想和已过时的内容，选择与时代密切相关、帮助学生成长、增强民族文化软实力的部分。通过学习文言文，学生受到传统文化的影响，激发学生对传统文化的热爱，培养民族文化感，使学生更好地接受中国优秀的传统文化。

二、核心素养视角下初中文言文教学方法研究

限制文言文教育发展优化的原因是教学方法不充分或效果不高。自从设立语文科目开始，无数学者对语文教学方法进行了大量研究，并产生了许多关于古代汉语教学方法研究的学术论文。可是，随着教学资源的增加，如多媒体资源、小课程材料、校本课程教材和一些活动资源，教师必须更新教学理念，选择合适的教学方法，更有效地提高当前的教学状况和学生学习成绩。笔者通过观察一些老教师如何教学发现，在年龄较大的教师中，使用传统方法教学的大有人在。虽然传统的教学方法也不错，但有些教师由于其思想观念原因，使得文言文的教学过于传统，而无法应用到现代化的教学器材，学生难以理解古人社会的情形和文章想要表达的情感的。尽管一些教师讲起课来滔滔不绝，但是讲课方式太过单一，学生难以提起学习的兴趣的，进而产生对文言文的厌学情绪，影响其文言文学习，更谈不上提升全面素质和继承优秀文化了。因此建议一些教龄较高、年纪较大的教师也要与时俱进，尊重核心素养视角下的语文文言文教学，适当吸取现代先进的教学设备，改良自己的教学方法，提升教学质量。

（一）提升学生兴趣

文言文本身具有晦涩难懂的特点，相对现代文来说学生不容易理解，而且还要注意语法、读音、特殊句式、通假字等现象，导致了学生学习文言文的难度较大，所以学生普遍不喜欢阅读文言文。另外有些文言文内容比较长，而且还要求学生全篇背诵，这就使部分学生产生了抵触情绪，失去对文言文学习的兴趣。从有关调查结果中还可以看出，大多数学生缺少对文言文学习的兴趣，因此教师应该提高学生的积极性，以保证其学习效果。

1.教师提高文言文素养，激发学生学习兴趣

语文教师的文学素养在很大程度上决定了学生学习文言文的高度，当前语

文教师队伍中素质参差不齐，大多数的语文教师文学素养并不高，这也限制了学生的提升，影响了学生学习文言文的兴趣。因此，教师要想将文言文内容讲述清楚，自己就要先具备非常牢固的文言文基础，这自然是与教师喜爱文言文有着密不可分的关系，有着深厚传统文化积淀的教师会把文言文教学进行得更好。教师应当加强对古典文集的研究，提高自己的文学素养，如《说文解字》《诗经》《史记》等都是能够代表我国文化的经典书籍。此外，一些其他经典书籍也需要教师必须知道如何阅读，在教授一些传统文化知识的同时，也要辅助一些教学视频提高教学的效率。如果你想让学生有一杯水，教师至少应该有一桶水，才能教给学生应该学到的东西。只有教师拥有了深厚的古典知识，才能实现更好的教学，无数例子也证明了这一点。优秀的语文教师以其渊博的文化积淀传授给学生的知识，更有利于培养他们的学习兴趣，使学生更好地从文言文中吸取到传统的优秀文化，进而提升其全面素质。

2. 增强课堂教学趣味性，培养学生学习兴趣

文言文的教学与现代语文课程教学相比，在课堂上缺乏一定的趣味性，学生在学习当中难免会觉得枯燥，进而失去学习文言文的兴趣，因此教师应该尝试各种方式使文言文课堂更加有趣。例如，教师可以稍微增加一些历史典故和名人趣事穿插在课堂上，以丰富的课堂内容吸引学生的兴趣，使其全身心地投入到学习当中。也可以通过角色扮演的方式，让学生可以积极参与进文章的氛围里，进一步深化学生对文言文的理解。在初中语文教材当中有一篇是《邹忌讽齐王纳谏》，这篇文言文的故事性和条理性就非常强，很适合学生进行角色扮演。学生通过表演与对话，能更好地体会人物的语言技巧和把握故事情节的发展，从而加深对文章内容的理解。因为如果学生只是站在观众的角度，就很难理解文本中人物的内心世界，而不是很好地理解文章的内容。角色扮演不仅可以改善课堂气氛，还可以帮助学生提高学习技能。但是，在角色扮演中，教师必须小心加以引导，并注意合理安排学生的扮演角色。如果内容不是很复杂，可以锻炼一组学生，努力实现角色代入。采用这种方式可以适当锻炼学生的团队协作能力。教师可以评比一下哪个团队的学生表演的更好，形成竞争机制，学生的团队精神也可以激发学生的学习兴趣。为了实现更好的"角色扮演"式的课堂教学，教师可在课下提前给学生分好小组，在课堂上学生就能很快进行状态，将自己代入到故事情节中，这种方式不仅适用于自我激励的学生，也适用于提高学生的自学能力和合作学习技能。在进行这种方式进行教学时，教师要注意把握节奏，烘托气氛，同时还应及时对故事情节的发展进行推动与完善，

完成情境的创设工作，帮助学生快速地将自己代入角色，进行完美表演。通过表演切实体验到古人当时的内心活动，感受文言文的语言魅力。学生还可以模仿辞藻华丽的句子，用现代汉语写出某些经典的文章，或者扩展一篇文章的特定情节进行写作。这种思维方法可以提高学生对文言文故事的想象力，学生也实现了将文言文与现代汉语的结合，促进学生对文言文学习的效果。当前情况下，因为文言文中讲述的故事距离现代久远，所以在文言文的教学中，学生们难免会觉得难以适应当时的文化氛围。教师在讲台上进行情景创建有利于烘托课堂气氛，避免课堂过于沉闷，使学生失去学习的兴趣。这一教学方式可以引入中国古代的经典故事，为学生创设情景或再现文言文画面的情景，使学生更容易在一个相对真实的环境中获得知识，而且还可以提高学习的兴趣，使学生沉浸的情感体验中，对调动学生的学习兴趣有很大效果，有利于实现良好的教学质量。在学习《口技》这篇课文时，学生对文言文中很多关于声音描写的词汇难以理解，由于古汉语和现代汉语差别很大，所以导致学生在学习这篇课文时存在很大的难度，这时教师可以在课堂上充分利用多媒体技术，如播放现代人关于口技表演方面的录音或者录像，使学生提高对口技的认识和兴趣。再者，可以鼓励学生对课文中口技的声音进行模仿，还原一下当时的情景，其他观看的学生可以表演一下当时听口技表演的观众，模仿观众在听到文中"着火""救火"时的紧张动作和神情，制造出一堂非常生动的语文课，使学生们的兴趣一下子提了起来，进而实现良好的学习效果。综上所述，在文言文的教学中，教师不能只是专注于在课堂上向学生进行文字方面的解释，让学生被动地接受各种结论，这样枯燥的教学方式已经不能满足当前的需要。当前的教师要提高文言文教学的趣味性，使学生学习文言文的积极性得到提升，对文言文产生浓厚的兴趣才能实现更好的学习效果。现阶段，创新性人才的培养非常重要，因此教师要鼓励学生们做符合社会发展的创新型人才。教师也应加强培训，加强在创新人才方面培养学生，如对文章的质疑就是一种学习的创新。在《鱼我所欲也》这篇课文中，有一句话叫作"乞人不屑也"，某位教师按照教科书的注释进行的讲解是"乞丐表示很轻视而且不接受施舍"，大多数学生被动地接受知识是很难提出异议的。于是教师就鼓励学生进行大胆的质疑，一位学生提出不一样的见解，认为此处应该是"乞丐觉得自己受到轻视，而不屑于接受施舍"。两者表面上看起来差别不是很大，但是很明显，这位学生的质疑是很有道理的，而且他提出的观点也非常具有合理性。可见，教师鼓励学生大胆质疑会激发学生的创造性思维，进而产生新的见解，能对文言文的学习效果起到很好的推动作用。

（二）创新诵读方法

诵读法是学习文言文的最基本的方式之一，在有感情地阅读的同时调动各种感官去感受文言文的韵律和蕴含的哲理，对学习文言文有很大帮助。核心素养视角下的语文教学对诵读法这种基本的文言文学习方法又提出了新的要求，教师应为学生选择一些适合的文言文，并要求学生全文或段落背诵，通过诵读使学生加深了对文章的印象，对文章的理解也更加透彻，对其学习能力和写作能力的提升都有很大的帮助。文本阅读也是培养阅读和语言的重要方式，使学生能够提高他们对思维和语言能力的敏感度。对于一些感性方面的认识，教师要鼓励学生自己去探索。阅读文言文不必单纯依赖教师，学生可以通过自己反复诵读得出一些自己的理解，在课堂结合教师的讲授加深对文言文的学习。

1. 在诵读中培养语感

在诵读中培养学生的语感对于促进中学生对文言文的学习是非常有必要的。语感能够帮助学生形成语言表达能力，有效提高学生对于文言文的理解。文言文是培养学生语感的重要途径，阅读情感可以丰富学生的阅读体验。因此学生接受语感训练可以升华阅读文言文的感受，所以在阅读中，教师必须尽力发展其语感能力。学生如何通过阅读提高阅读的语感？这就要求教师向学生讲授阅读主题，同时指导他们培养阅读的语感。内容分析与朗读是提升语感的有效路径，教师将引导学生思考文章某个片段，让学生逐渐体会其中的平仄押韵。再加以文章的正确释义，帮助学生在朗读的过程中掌握正确的表达语感。无目的阅读根本无助于培养语感能力，虽然也能够获得一定的知识量，但是不能辅助学生对于未知的文言文进行理解。学生在进行有感情诵读时有必要注意诵读的节奏、感情，学生进行诵读这项工作前，先要消除诵读障碍。如生僻字、多音字的读法要弄清楚，同时结合文章当时的背景、作者想要表达的思想，才能实现有感情地诵读。以《陋室铭》为例，教师应提前让学生熟悉文本的韵律、节奏，然后再开始诵读，使学生更容易掌握阅读的情感。此外，教师应指导学生抓住文章的主题，在这里学生可以感受"陋"和"德馨"道德意义上的看法，让学生独自去探索会存在一定的难度，此时教师应该适时进行引导，帮助学生加深对作者情感的深入了解。让学生逐渐理解作者这种宁居陋室的心态和自己"德馨"的自信。通过诵读可以深刻地感受到作者的情感，学生可以在诵读中发挥语言的主动性，培养语感能力，还可以获得文言文学习的更多见解。

2. 采用多种诵读形式

在文言文的学习中，最常见的诵读方式是学生一起朗读或者教师指定某个学生来读课文。有调查研究表明，教师指定学生来读或者全班同学一起读的学习方式并不能获得良好的学习效果，而采用多种诵读形式的方法取得的效果相对来说要好得多。举个例子，小婴儿学说话的时候，单靠他自己去咿呀学语是学不会的，他需要先模仿大人的发音才能学会自己说话。教师要求学生诵读却难以取得效果也是这个道理，此时教师应该亲自示范，并向学生讲述哪些地方需要注意何种诵读的要领，用自己充满感情的诵读去影响学生，带动其一起掌握诵读的技巧，进而理解作者的情绪和要表达的思想。如此一来，就要考验教师的诵读水平了。在讲课之前，教师应首先对该篇文言文的诵读技巧、节奏、感情和诵读时的动作、表情都有所掌握才行，教师平时也要加强这方面的练习工作，在教授文言文时才可以得心应手，取得理想的成绩。在中学课本中的文言文基本上都是文学价值非常高的文章，如《陋室铭》《马说》等，学生能够体会到其中蕴含的音律之美，而《木兰诗》《蒹葭》《关雎》等作品，非常有节奏美感。当教师阅读课文时，必须反映出这些微妙的感受和美感。然而简单地模仿难以具有感染力，学生要深刻领会老师诵读时的情感，根据自己的兴趣，调动自己情感去诵读，读出自己的特点和感情色彩。教师进行诵读示范并不是唯一的方式，除教师示范之外，教师也可以挑选诵读较好的学生进行示范，可以树立学生诵读榜样，这样能够起到激励作用，反而能够取得更好的学习效果。例如，《木兰诗》中关于木兰到达战场，奋勇杀敌，九死一生，十年之后得胜归来。这漫长的军旅生涯全诗仅仅用了 30 字就表达完了，而学生表示很难理解其中的内容。针对这一情况，可以让学生反复齐声诵读这一段，在大声诵读中不断感受边关的艰辛、战斗的激烈，这些都在学生的反复大声诵读的气势中体现了出来，其蕴含的内容也就很容易理解了。

3. 以读带讲，读讲结合

只注重读也是不行的，还得注重讲。要注意以读带讲，读、讲结合的方式才能取得良好的效果。对于文言文中的特殊句式、语法等，学生只靠读是无法理解的，这时候就需要教师进行耐心讲解，以帮助学生更深入地了解文章。初中语文课文入选的文言文多是比较短小精练的文章，如周敦颐的《爱莲说》、苏轼的《记承天寺夜游》等文章，篇幅短小，但是蕴含了作者丰富的情感，此时不但要求学生反复熟读，还需要教师引导学生对文章中蕴含的作者的思想情感进行深入探索，了解作者深层次的含义，再去对文章进行诵读，这样就能够蕴含感情地朗读。而对于一些篇幅较长的文章，如《伤仲永》《出师表》，就不能要求学生通篇诵读了，可以挑选文中较为合适的段落让学生进行选择性的背诵。如出师表中的最后一段，可以让学生着重诵读，去感受作者诸葛亮复杂的内心，体验一下他言语的真切，是如何体现他"鞠躬尽瘁，死而后已"的忠心的。理解了作者的内心想法，将会使学生更快、更深入地掌握文章的中心思想，进而获得较好的学习效果。

（三）培养学生自主能力

1. 养成使用工具书的习惯

对于文言文中的一些古代特有的名字，现在的学生是难以理解的。学生无法理解文章的部分内容，如姓名、官方名称等。这些是文言文中不可避免的，对待这些问题，还需要学生利用一些工具书来进行查询。学生所需要掌握的远不止教材之中有限的几篇文言文，还需要对其包括的字、词进行深入了解。此外，教师还应该为学生进行适当拓展，只有进行大量的文言文训练才能够真正认识到一些字、词的用法。如果只是单纯进行教材文言文本身的学习，就会造成学生知识的局限性。这就使得当再次遇到同样的词语时，只知道机械地利用所学习过的知识进行学习。然而课堂上的时间是有限的，每个学生的学习能力、理解能力也是不一样的。课堂上不同学生掌握知识的程度不一样，为了提高课堂效率，教师往往只能够对其中存在的共性问题进行解决。真正的提升学生自身水平，还要依靠学生自身的主动性。因此，学生也要学会使用各种书籍。一般可使用字典，包括《说文解字》等，必要时还可以通过网络获取自己想要了解的知识。总之，学生要善于运用各种资源，不断丰富自己的文言文知识，才能更好地传承文化经典，提高学习效率。

2. 注意积累，及时总结归纳

善于积累和总结是学生学习的良好习惯，其对于学生学习进度和学习能力的提升来说是至关重要的。学生在学习英语的时候，一般都会有大量的笔记，记录着很多单词或语法点，文言文的学习也是如此。学习文言文，需要不断地收集材料和积累文化知识，及时地对掌握的知识进行归纳，这对学生学好文言文有很大的帮助。学生积累的知识越多，越能够系统地将所学知识进行归纳，在文言文的学习方面的难度就越小，学习的效果就越好。因此，教师要指导、培养学生养成勤于归纳、总结的好习惯。学生如果不进行总结、归纳，或者缺乏这方面的耐心，教师就应该加强督促和要求，引导和监督学生总结文言文名句的良好习惯。例如，定期检查学生的积累笔记本，让学生讲述特定汉字的故事、演变和结构等。这些做法在一定程度上可以使学生的阅读能力和文言文知识有所提升，在培养学生的文学素养和文化素质方面取得良好的成果。

3.养成阅读课外文言文的习惯

学好语文课并养成良好的课外阅读习惯是很有必要的。养成好的阅读习惯能够使学生具备课外知识积累的路径。无论是学习文言文或现代的文章，仅仅依靠课本上的内容进行学习是远远不够的，还需要进行大量的课外阅读。课内教材的阅读对于我国数量庞大的文学作品来说只是沧海一粟，还有更多的书籍值得我们一读。然而部分学生由于自身积累有限或者教师引导不够，导致其在阅读中存在一定的困难。缺乏阅读技巧也是学生觉得文言文难学的原因。此外，部分学生身边也比较缺乏可阅读的资料，由于初中生接触文言文时间不长，因此适合中学生阅读的内容不多。此时教师要进行指导，要求学生初中三年对《论语》《世说新语》进行必要的了解与学习，其中一些篇目是需要背诵的，也可以推荐这些书中没有选入教材的篇目让学生去阅读，以创建阅读环境并培养阅读习惯。然而由于现在的初中生普遍缺乏阅读文言文的基础，因此教师在向学生推荐文言文书籍时一定要结合学生的实际情况。初中生可以通过阅读其他简单的课外资料，在阅读基础得到加强后，再逐步过渡到文言文的学习上。这样有利于提高其文学素养，也使更多的国学经典得到传承。

（四）采用辅助手段

1.将微课引入文言文教学

引入微课是文言文教学方面的创新，由于文言文中有些语言与现代汉语的差距较大，所以学生理解起来存在较大的难度。微课指的是微型视频课件教学，针对某个知识难点或教学活动中的某个环节制作成一个短小的视频教学的课件，是一种较为便利的教学辅助工具。微课具有资源丰富、生动具体、使用方便等特点，弥补了文言文不便理解的问题。现在，很多教师在文言文的教学中都会以自己的课程进度为标准，只顾自己一味地教，根本不管学生是否学会，经常会出现课堂之上学生对所学知识尚不能完全理解，第二堂课又在讲解其他内容，导致学生积累的难点越来越多，以致后期学习文言文的难度不断增大，其学习文言文的兴趣和自信心也越来越差，逐渐失去了学习文言文的积极性。微课的存在正好可以解决这一难题。首先，微课本身就是对文言文中疑难问题的梳理，使用微课进行学习，一是非常有针对性，二是等于再学习第二遍。其次，文言文的学习是非常枯燥的，而微课的形式非常新颖生动，可以快速提升学生的学习兴趣。一般情况下，微课视频以 10 分钟左右最为合适，这样有助于学生抓住课堂的重点。教师平时也可以注意总结一下课堂上学生经常问到的疑难问题和考试时容易出现的问题，将其做成微课小视频，学生根据自己的实际情况进行点击下载。这对学生学习文言文来说会降低很大的难度，在很大程度上可以促进学生学习效果的提升。还有一种微课的利用方法就是，教师在讲课前就将讲课要点录入到微课中，然后学生可以在自己有空时点击观看，提前做好疑点、难点方面的准备，降低理解难度。在教师正式讲课时格外注意听取疑难点问题的解释，学生可以有更多时间的互动，提高了课堂教学的效率，这样学生也可以节省一些上课时间，使学生更好地提升学习的效果。引入微课文言文教育可以提高学生学习效果，教师也需要学习如何通过使用新的微课来指导学生，学习更多扎实的文言文知识，也可以用来总结知识点，复习知识，提高课堂教学效率，提高自学能力。然而，微课作为一个相对较新的技术，一些年龄较大的教师在使用上存在一定的困难。其在技术方面存在着较大的难度，教师需要付出更多努力来克服技术难题，然后完全发挥微课的优势，提高文言文教学的效率，促进学生学习能力的提高。

2. 引导学生开展活动教学

在文言文的教学中，引导学生开展活动教学是非常有必要的。因为在课堂上，传统的文言文授课方式显得太过枯燥无味，难以提起学生学习的兴趣，所以教师一定要注意教学方法的问题。教学活动可以是文言文背诵、文言文小故事、文学常识大赛等。该活动的目的是让学生积极背诵，以提高他们的语言技能和学习文言文的积极性，让学生在活动中使用文言文知识，以提高思维能力和审美能力，增强学生学习水平，提高学生对我国古代优秀传统文化的传承。活动强化了学生的文学素质，促进了学生的全面发展。例如，可以在教材中的某篇课文讲完之后，将本课中的一些难点、重点总结到一起，然后写到纸上。将学生分成几个小组，每个小组轮流抓阄，抽到哪道题，该小组就要负责答出该题的答案，最后将几个小组的得分进行总结，分数高者胜，可以获得奖励，以此活动来提高学生的学习文言文的积极性和趣味性，而且还可以促进学生之间的交流与合作的能力。活动还可以这样组织：在某个单元学习完结之后，教师可以组织学生对照该单元中学习的文言文中的人物故事，对其进行演绎。如大家所熟知的孔子、花木兰等形象，又正好是初中所学的内容，活动中可以是某个人物的角色扮演，也可以是故事的讲述，也可以是其作品的背诵，活动结束后，对各小组进行评比，选出最佳小组并进行奖励。此外，还可以设置文化角，举办绘画、书法和报刊展览，使所有学生都受到传统文化的影响，增加审美经验，提高审美能力。此外，学校定期为学生提供文学和文化讲座，以提高学生的知识水平，培养他们的民族认同感和对传统文化的喜爱。教师必须对此类活动充满热情，积极发挥组织和引导作用，活动必须根据班级的需要和学生的发展，切实提高学生的学习效果。

第二节　写作教学重点策略

在传统的作文教学之中，教师限制学生的自由发展，而普遍采取应付考试的教学模式，以求获得最稳妥的分数。这种理念下，学生逐渐丧失了表达自我真实情感的能力，甚至捏造一些经历，用以提升自己的分数，这就违背了作文教学的初衷。因此在教学过程中，要以核心素养为基本参考，构建科学的教学体系。

一、核心素养视角下初中写作教学内容研究

不同年级的作文教学内容有所不同，因此需要对不同年级分别制定教学目标，以此来提升教学的有效性。在教学时要明确写作内容，找出不同部分的教学内容的区别，这对于强化教学的针对性，有着非常重要的作用。

（一）贯彻核心素养，全面规划内容

核心素养视角下的作文写作教学主要是以解决"为什么教学"问题为目标，并在教学过程中进行指导。以理性和科学的方式确立教育目标是写作实践教学的基本条件。目前，初中写作教学具有一种严重的考试倾向，对教师的教学活动和学生的写作产生了负面影响。为了改善这种状况，教师作为整个教学活动的主体，要积极把握教学的方向，积极从核心素养目标的调整开始，促进全体教育活动的发展。一般语言课堂核心素养的核心概念要真正渗透到日常课堂教学中，最终实现核心素养培养的目标，实现特定的教育目标。因此，教师应具体说明提高核心读写能力的教育要求，明确每个学年的关键任务，并在实际课堂中实施，确保落实好培养人才的责任。

1. 七年级核心素养目标

与八年级、九年级相比，七年级是中学生写作基础的关键时期，七年级语文教材中的所有写作单元都是关于写作的，其中有"写作笔记""特点写作"等方面的论述。该写作单元解释了作文写作的一般要求，也是该年级核心素养的培训要求。七年级写作课需要实现核心素养培训目标。因此，学生应该积累

语言资料，提高语言方面的表现力，提高语文词汇的掌握量，要注意在写作中表达真实的情感，把握好描写人或物的明显特征来写作，其中还要注意对素材的选择、写作技能的掌握、形象思维能力的培养、逻辑思维能力的提高、创造力的提高、以积极态度写作等注意事项。这个教育阶段的目标是学生参加七年级作文课程后必须满足的基本要求，也是教师设计教师活动的总体基础。

2. 八年级核心素养目标

八年级学生相较于七年级来说已经接触了写作的基本要求和基本的培训，所以对八年级的要求也会相应地提高。八年级的学生应该掌握不同类型的叙事风格和具有独特的写作特点，这是对学生的核心素养提出的高要求。因此，我们需要根据八年级教育的相关要求，进一步明确学生培养目标的核心。八年级作文教育要进行深化培养，使学生对新闻、人物传记等方面的写作实现对风格的真实描绘，描述方面的技能、语言的运用技巧，形象思维和逻辑思维技能都要得到锻炼，并且每方面都要有相应的要求。

3. 九年级核心素养目标

七、八年级学生对所学作文有了一定的掌握，基本学习了写作的重点，对各种写作手法如记叙、描写、议论都有了比较完整的认知，可以说经历了两年的写作方面的培训，应该基本达到了语文写作核心素养的要求。九年级学生必须学会总结整合，学习前两年学到的作文知识，总结在作文中的写作技巧、写作风格、写作相关知识。因此，学生的核心能力也在一步步得到提升，并且还将发展到更高水平。在九年级的写作培训中，要更加注重培训学生的各种文体的练习，培训审题思维、逻辑思维等多种方式为一体的融合式培训。锻炼学生写作的结构和组织能力，能够增强语言能力的表现，符合作文教学的素质教育目标。对于九年级作文教育的老师来说，需要整理学生写作的一些技巧，必须让学生了解教学课程内容的性质，可以选择之前的作文知识进行整合，得出写作的新观点。对写作技巧的培养将进一步培养学生的读写能力和提高思维的创造力，并发展具体的审美欣赏技巧。在七年级和八年级接受写作教学后，学生的核心读写技能必须达到基线水平，九年级的写作课程负责培养核心读写能力。在写作课上，教师需要了解学生的核心素养水平和能力。

（二）细化核心素养，调整课堂教学

在语文科目的教学中，还需要细化核心素养的要求，对课堂目标进行合理的调整。语文核心素养是"学生通过学习语文课程，获得全方位的提升和发展"。

教师在确定课堂教学目标时，要注重语言知识和技能、思想、情感、态度与价值观方面的培养，要根据初中生作文的性质，进一步明确作文教学目标。

1. 语言知识与能力目标

初中生的写作是学生使用语言进行表达的体现，而语言知识和能力目标是写作教育的最基本的培训目标之一。需要注意的是不同的写作对学生的语言知识和技巧有不同的要求。例如，记叙文作文对学生的叙事技巧和抒情技巧的要求越来越高，议论文方面则侧重于考验学生的逻辑思维能力。但是，即便文体相同，知识和语言能力的要求也并不一定相同。例如，对人物的描写应该重视观察学生是否抓住了人物的特征，对事件的记叙则对学生的叙事技巧提出了更多要求。所以说，学生需要根据写作的本质，进一步完善记人和叙事写作的文体特征，完善语言知识和能力的培养目标。在此基础上，教师可以将语言知识与写作的需要相结合，提高学生写作方面的语言表达能力。

2. 思维方法与品质目标

对于初中生作文写作而言，思维和语言技巧是不可分离的，对学生的写作具有同等的重要性。因此，写作课程必须在实施语言知识和能力目标的过程中逐步实现思维方式和质量目标，提高语言知识获取和语言形成的思维能力。就写作过程而言，写作和表达的过程与写作中的合理逻辑思维密不可分。在学生写作时要具有创造性和思维缜密性。写作活动就是需要学生的大脑飞速运转的活动，写作的过程也是思考和发散思维的过程。在写作课的教学中，教师不仅要注重语言知识和能力目标的实现，还要关注学生思维方式和素质的发展。

3. 情感态度与价值观目标

情感态度与价值观目标，同时包括了对学生审美和文化两个方面的培养目标。其具体规定是，让学生通过写作练习，具备健康的审美情趣和正确的审美意识以及热爱民族文化。在语文的核心素养目标中也要求了学生的审美能力。初中生作文教学中，情感态度与价值观的目标仍然需要像其他目标一样需要细化，让学生明白对其情感培养方面的重要性以及要求。对于教师来讲，要求学生写好作文，首先要培养其健康的情感价值观念，这同样是语文核心素养的目标要求。综上，学生写好作文的基础是运用好语言知识和写作能力，而这两项内容提升的前提又是必须要先引导学生建立起健康的情感价值观的目标。只有正确地看待这三个方面之间的联系，才能够树立正确的写作培养目标，进而实现语文核心素养的目标。

（三）植根核心素养，注入文化血液

初中作文写作教学一直处于探索中，需要不断改进和完善。传统的作文教学中，由于受到应试教育的影响，难以实现真正的能力培养与素质培养。这就导致很多学生写的作文中总是存在"说假话""喊口号"的情况，而作文的批改与评判也是教师按照应试教育的标准进行的，这就导致写作教学越来越偏离最初的目标。随着语文核心素养观念的深入落实，写作教学方面也实现了课程理念的创新，也为笔者的教育理念提供了重要的理论参考。

核心素养中的能力培养是中国教育的指导原则，已成为课程改革的一种趋势。在这种趋势中，参照语文核心素养的具体提议开展改革，具有一定的科学性。从这个视角来看，以前初中作文写作教学的方式只重视写作的技巧，并寄希望于学生写的作文得到高分来作为对作文教学成果的判定标准，这样的教学理念是违背育人初衷的。真正地对学生写作方面的培养是以重视学生的情感价值观念为基础的，以促进学生写作能力与写作知识共同提高为目标的理念。然而在应试教育的限制下，如何提升学生的写作能力，表达学生的真实情感，已经是现阶段进行作文教学之中最主要的内容。

教师在写作方面可以做的是把重点放在语文核心素养的培养上，避免选择急功近利的应试模式培养学生的写作能力，要脚踏实地地提高学生的阅读能力、写作能力，进而提高核心素养，才能使教学质量获得真正意义上的提升。虽然通过一些虚假的内容灌输以及应试技巧能够短时间内提高学生的成绩，但是学生思维受到了固化，并不能从根本上提升其写作素养。长此以往，学生将写作作为一项程式化的作业，只是通过技巧来应付，而不是真正喜欢写作。因此，教师必须关注核心素养发展，确立客观、科学的教学目标，培养学生的写作能力和健康的情感观念。

对于语文学科来讲，其核心素养是一个相对宏观和抽象的整体教学目标，教师应结合写作学科的特点和精细化的核心素养需求。教师应根据初中三年的课程，明确每个学年的教学目标，进而制定整体的核心素养总体目标。此外，还应从基础观念上出发，从培养学生对语言知识、思维方式的运用和情感价值观的建立三个方向去制定教学的目标，进一步落实语文核心素养的要求。教师应注重实施教育写作的目的，准备各种教育活动，帮助学生实现核心发展语言课程的技能。学生通过写作材料以及思想情感的表达写作作文，这个过程就能使学生的核心素养水平得到有效提升。

所以说，教师在制定有利于培养学生核心素养的目标时，还可以针对学生

的写作添加一些与其相关的环节，促进学生写作能力的提升。同时教师必须注重对学生的审美能力的培养，展现出健康的审美情趣，以达到正确的情感写作要求，使学生在写作中具有正确的审美。教师在写作教学的选材方面，应注重促进学生智力发展，提高学生的抽象思维和逻辑思维能力，使学生在写作时进行巧妙的构思和思维的发散。而写作能力方面的教学则需要教师注重培养学生的写作能力、表达技巧和注重文学知识的积累，增强学生语言品质和表现力，使学生的作品具有较强的感染力，才能够切实提高学生的写作能力，进而实现语文核心素养全面发展的目标。

二、核心素养视角下初中写作教学方法研究

初中语文写作教学方式需要结合学生的实际情况，并辅以教学目标来进行制定。根据核心素养的发展要求，制定符合学生的写作教学方法，这些方法需要依据课堂、评价手段等多种形式进行研究，最终制定出符合初中生写作教学的教学方法。

（一）进行合理的课堂知识内容涉及

1. 核心素养指导下的教学环节

写作课程的基本教学环节是根据学生的写作过程进行设计的。对于作文的写作学生一般是从立意开始的，而后进行材料的选择、构思、表达和修改等步骤。通常对文章的修改不能与文章评估分开，我们将在下一部分讨论与作文修改相关的内容。我们先对作文的立意、选材构思及具体的文章内容三方面进行研究。这三个主要教学环节都以提高学生的核心素养为目标，但同时也侧重于具体的教育任务。对作文立意方面的教学其重点关注的是学生审美能力的培养与提高，以确保学生拥有正确的审美及较高的欣赏品位。在选材构思方面的教学则主要是提高学生的思维能力，使学生能专注于思考。对文章内容的教学则要引导学生对语言进行组织，以此来提升学生的语言表达能力及写作技巧。三个主要的教学环节既是独立的，又是相互关联的，旨在帮助学生全面提高语文方面的核心素养。

（1）提升立意审美水平。立意是文章的中心意思，在写作之前必须要明确文章意图。同一个作文不同的学生在进行文章立意时其想法就会存在区别，对于要求的理解程度也存在着深刻的与肤浅的、大范围与小范围、创新思想与传统思想等不同的情况。这正是学生不同审美标准及品位的一种外在表现。在此基础上，教师在设计审题立意教学思想时应特别注意培养学生的审美能力。

在一定程度上，对作文进行立意的过程就是审美的评估和判断活动。在进行文章立意时，学生应仔细审查题目要求的内容，从各个角度考虑各种可能性，评估每个想法是否准确、深刻或新颖，并全面评估每个观点。在此评估期间，学生必须坚持积极的审美标准，并保持良好的健康心态。审美标准具有个人主观色彩，很难说是对还是错，但基本的审美标准仍然需要是正确的。例如，写作的要求是健康积极向上，同时展示生活中善良和美丽的真谛，并传达了积极的情感。许多学生在作文中写下了消极的内容，他们的作文因为偏离了正常情况下的美学而变得负面和离奇。例如，如果学生写《好奇》，他可能会描写对吸烟感到好奇，讲述一个关于吸烟的故事并在其他人面前表现出"享受"的情态。这种极端的原因是学生的审美标准是错误的和消极的。因此，坚持积极的审美标准是学生写好文章的第一步，是学生必须具备并进一步提高的审美方面的能力。

除了要具备积极的审美标准外，独特的审美品位也是学生写作的要求之一。学生独特的审美情趣与文章是否深刻，观点及核心是否独特有关。一般来说，由学生完成的文章已经不能符合现阶段人们的审美标准，这是审美品位不高的具体体现。例如，如果学生写《一个令我尊敬的人》，其在文章中一般会写一位学习成绩优秀、生活独立和沟通能力很强的"姐妹"，同时表达出"我"的敬佩思想。在这里，学生对"尊重"的理解实际非常肤浅，并且没有感受到在其背后的深层含义。为提高学生在文章中的审美品位，学生可利用角色的转换或以小见大等方法来实现对文章意图的表现。转换角度是指从不同角度看问题，回顾日常生活的宏观主题，探索生活中对生命发展起着重要作用的场景或事件。从小的、普通的东西开始，一步一步地表现出宏观的思想。无论哪种方式，目的是加深写作的立意，通过不断练习来提高学生的审美水平，从而大大提高写作的审美品质。

（2）促进思维发展。在确立了文章的主要意图之后，怎样进行表达是选材和构思的关键问题。写作素材的选择是非常关键的，其就是文章所写的内容；而构思是对文章写作思路的构造，是文章的写作方法。从字面意义上讲，"选"和"构"都是相当复杂的思维活动，而对其的教学选择则要注重提升学生的思维能力。

思维是无形的和抽象的，使得写作思维不能轻易得到提升。然而，思想的动作是有规律的，思维方式也是可追溯的。在实际的教学过程中，教师在选择教科书时必须要明确文章选材过程中的思维方法，培养学生的思维能力。例如，在进行"第一次XX"写作时，学生必须要在文章中表达个人经验或第一次 XX 的经验，这需要对文章的中心进行分析，对要表达的内容进行思考。第一次 XX，既可以是经验也可以是教训，然后进一步回想与第一次相关的内容并从中找到写作思路，如第一次登山、游春、弹钢琴、演讲等，再根据相关的立意从头脑中寻找恰当的素材。在这个思维过程中，学生的形象思维和逻辑思维发挥了重要作用。在学生提高了对思想运用的认识后，教师还应准备选材方面的练习，以帮助他们理解写作材料的一般性选择原则，提高写作思维的灵活性和深度。例如，教师可以使用经典文本作为例子，组织学生对文章选材的基础知识进行分析并评估文章选材的质量。再有就是教师可以选择一个话题，让学生根据此话题进行分析并讨论，对从文章中发现的记叙材料进行比较和选择，以此来表达文章选材方面的贴切性及创新性。由于书面材料的新颖性极大地影响了写作的整体质量，教师在选材教学过程中必须注意学生思维的原创性和灵活性，以实现写作内容的创新。

在决定写作内容后，学生应该针对具体的写作方法进行分析，如作文的整体结构、叙事序列的选择以及安排的细节等。在众多写作方法中，倒叙、顺叙及插叙都是对写作逻辑的具体表现，"开门见山""制造悬念""铺垫"等都具有一定的逻辑思维。在教学过程中，教师需要了解这些技术的应用逻辑并清楚地解释它们。写作立意在很大程度上取决于学生的逻辑思维，虽然青春期（主要是中学生）的学生在逻辑思维方面要优于小学生，但是经验方面的应用仍然占主导地位，仍需要相当多的练习来提高其逻辑思维能力。尽管学生具备了一定程度的写作经验，但是仍需要对一些成熟的经验进行借鉴，这并不是单纯地将其抄写过来，而是需要学生通过思考将其变成自己的文章，一般借鉴的多是优秀文章的结构及表现形式，这对于提升学生的逻辑思维能力也能起到很大程度的促进作用。比如，一个学生在进行文章《一个令我尊敬的人》的写作时，在文中这样写道："生活中我们会遇到各种各样的人，有的让你尊敬，有的让你佩服，有的让你感动，有的让你叹息。而在我脑海中，最值得尊敬的是我的姐姐。"其结构很明显是总—分—总的形式，而且很容易就能从中发现模式化的痕迹，这会在很大程度上使文章的整体水平有所降低。因此教师在教学过程中要引导学生进行创新，避免出现过于模式化的文章表现形式。在进行文章写作时，列提纲是表达中心思想的有效手段之一。学生在确定中心思想并完成选材后就可根据提纲对文章进行写作。对文章列提纲也是对学生逻辑思维能力的一种锻炼，从提纲中教师可清晰地查看到学生的写作思路。通过列提纲，学生能对自己的逻辑状态能够更加清晰，是学生想法的表现形式，这是学生逻辑思维能力的外在表现，也是养成良好的书写习惯的一种手段。

如果学生想要摆脱写作模式化的困境，而不是盲目地运用其他人的写作模板，他们在思考写作时应该着重运用自己的逻辑思维。列提纲可以帮助学生组织和协调写作思路，提高学生的写作独立性和创造力。因此，教师可以在课堂教学中增加对其的讲解，以鼓励学生在写作过程中能更具创造性，同时敢于写出新的想法。

（3）强化语言构建。当学生完成对写作立意、选材及构思的学习后，还要对语言文字的运用进行深入研究。学生的表达水平与语言表达能力和写作语言的质量密切相关。语言表达技术是学生核心素养的具体实现，是学生写作的重要依据。由于缺乏较高的语言表达能力，缺乏写作技术或缺乏文学体裁，学生在写作过程中经常出现生搬硬套的情况，模式化非常严重。与"人品"和"衣品"一样，写作的语言质量通常用于描述学生语言表达的"质量"。在写作测试中说"假话"和"空话"的学生通常会发现其语言品质较差。对行文表达的教学不仅要注重培养学生表达语言的能力，还提高了写作语言的质量，帮助学生掌握语言。

关于作文写作有很多语言表达方式。我们在前面谈到"作文写作教学目标"时，就对表达技巧和修辞技巧进行了提炼以提高学生的语言表达能力。接下来，笔者利用通常用于书写的表达方式来描述和强化语言表达技术的特定要求。在真正的写作课上，教师必须首先确保学生清楚地解释记叙和描写的基本用法。叙事和描写是作文写作的最基本表达方式，但学生不一定掌握了其基本用法，或者经常知道其中的一方面而不知道其他的用法。这要求教师设计课堂活动，以便学生充分了解记叙和描写的基本用法。例如，叙事是学生用来写作文的一种常见表达方式，学生应该考虑选择作文六元素、叙事序列和叙事视角。然而，许多学生在进行叙事时只是从头到尾的进行文本写作，而整体结构却缺乏新的想法。

下面以学生作文《记一次活动》中的一部分为例进行讲解。文中对于学生投篮的描写是这样的："随着下课的铃声和老师走出教室的脚步声，打篮球的那几个人拿着篮球就飞速地向操场跑去。不一会，他们都到了操场了。然后，由ＸＸ同学来分配谁和谁一组。不一会儿，组也分完，他们开始打球了。ＸＸ同学的投球姿势我永远也不会忘记。首先，他手里拿着篮球，迅速地跑了几步就到可投篮位置了。快到可投篮位置的时候，他和对方撞在了一起，摔倒的前一秒球从手里投了出去。球在篮筐边转了几圈就到了篮筐下面。"文章对于场景的描写是非常全面的，但语言过于简单，缺乏结构创新。学生利用顺叙的方法进行描述并没有问题，但是若能同时增加一部分倒叙及插叙则会使描写更加的形象生动。对描写技巧掌握不到位是很多学生作文写作的"硬伤"，相当一部分学生在对人物进行描写时不能很好地理解人物的本质，无法抓住其特点，使人物形象过于呆板。再来对一名学生《这样的人让我敬佩》一文中的部分内容进行分析，其内容是这样写的："在深夜里，万籁俱寂，人们都在甜蜜的梦乡里。在马路上，有一群人伫立在漫漫长夜中，指挥着来来往往的车辆。突然，有一辆车经过，他上前止住，说：'同志您好！请配合一下，您是否酒驾。不会耽误您太多时间，谢谢！'等那辆车走后，他依旧伫立在黑黑的夜晚中，无论刮风下雨，都会坚守在自己的岗位上。没错，他们就是为人们无私奉献的马路天使——交警。"在这篇文章中，学生要表达的内容是交警在晚上仍坚守岗位，并确保人员安全，是值得人们敬重的。但是文章的整体叙述非常平淡，情感表达不充分，导致人物的形象塑造不成功。教师在进行此方面教学时可专门针对人物描写进行学生写作能力的专项提升，以便学生能够系统地学习基本的写作技巧。

此外，语言表达技能的研究不仅应保持在理论了解水平，还应在书面写作中进行实践应用。学生不仅要了解表达技术的基本用法，还必须通过与之相关的强化练习来获取相应的应用技能。在这方面，我们可以在以下结构化课程的教学中总结一些教学方面的灵感。

在对话题"写清楚自己的一次经历"的写作指导时，以文章《散步》作为范文进行讲解，以为学生分析文章的写作手法，同时还结合文章《背影》《老王》及《紫藤萝瀑布》等进行深入讲解，以提高学生对其的印象。课堂上将教学设计分为六个步骤，每步都相互关联，分析如下：第一步引导学生自行阅读《散步》一文，然后出教师对其内容进行点评；第二步由教师对《散步》一文的写作手法进行深入分析，同时与学生就此问题进行讨论；第三步教师带领学生通读《三代》一文，并组织学生对其写作方法进行感受；第四步带领学生对《鲶鱼跑了》一文进行品读，并体会其所用的写作手法；第五步组织学生对鲁迅先生的《阿长与山海经》一文中的部分内容进行赏析，加深学生对写作形式的感悟；第六教师要引导学生对写作进行构思，同时加强对写作手法的运用。在教学过程中其首先是利用学生较为熟悉的图片和文字进行导入，而后在教学过程中展现出了对知识的教学应先引出，而后再进行强化，最后在实际应用的逻辑过程，让学生学习如何建立一个坚实的写作基础。所以在实际教学过程中教师要引导学生加强对行文表达的教育，确保学生在应用中进行学习的教学方法。

写作语言是学生语言素质的外在表达。良好的写作语言可以使文本表达更加流畅，文章意境更加自然，有助于提高学生的写作水平。如果要想提高学生的语言表达质量，则教师必须首先创造一个舒适的写作环境，并鼓励学生有意识地以书面形式表达其自身的真实感受。有学者指出"我们必须在学习写文章的第一天就提供一个安全的写作环境……你让他觉得写文章是为了他自己，是为了进行交流，不是为了迎合教师，不是为了考试。"舒适的写作环境消除了学生不必要的写作问题，并打开了学生的写作空间，学生可以自由地写作和表达真实的感受。也许许多教师会担心学生会在舒适的写作环境中会写出更多"低俗"和"阴暗"的内容，担心这种写作环境对语言表达质量的发展没有帮助。但语言的成长只是一个过程，学生应该自由地写作和表达。即便学生的语言表达能力存在一定的不足之处，也可以通过正确教导来改善学生的不良语言。但是如果学生的真正写作精神被摧毁，那将是一种难以弥补的损失。此外教师要引导学生进行行文表达能力的训练，以确保文章内容通顺。大多数教师会指导学生表达真实的感受，但许多学生仍然会写"虚假"的作文。在一个要求不严格的写作环境中，许多学生的语言表达存在着虚假的情况，情感表达不正确。因此，教师应从学生的语言表达方式入手，找出学生表达方式中存在在虚假情况，以此来提高学生语言表达能力。如下面的学生作文《乡情》，语言表达存在一个问题，这使得它的表达牵强不自然。文章内容如下："我的家乡是一个奇幻的地方。别人都以为它是个好景点，而我却不以为然。但我爱它。我的家乡有一座名山，许多友人都是听闻它才来的；我的家乡有许多梯田，里面种着各式各样的庄稼；我的家乡有个名人博物馆，它对家乡做出了巨大贡献；我的家乡有许多植物，他们使空气更清新。"由此可知学生对其家乡的了解程度是非常高的，但其并没有强调"家"周围的家乡特色。语言表达中也存在语法和逻辑错误，这其中更是夹杂了一些"闲话"和"废话"。教师需要对作文的使用语言进行一定程度的锤炼，让学生学会用自然和恰当的语言表达自己的真实感受，并提高语言质量。

2.核心素养指导下的写作教学原则

教学原则是对教学过程的规范性解释。虽然教育写作是在文学核心观念的指导下进行的，但教师可以避免只是应对考试的心理，侧重于学生核心能力的发展，而对于学生发展的核心学习进行情境研究与分析，对作文的命题内容要与学生的日常生活经历有关，并倾向于传统的文化主题。

（1）避免应试倾向。在前文中，作者分析了初中生写作能力的提升，并对有关应试教育进行了详细讨论。在考试导向文化的影响下，许多教师在教学中盲目地重复以任务为基础的写作练习，他们经常要求学生学习文章的写作结构，模仿一些作者的写作手法并进行简单的主题练习，这种教育并不能起到预期的效果。学生在写作过程中只是关注文章结构及用词，日常生活和情感体验的表达能力得不到练习，其写作水平提升程度不够理想。因此，防止作文教师为应试而进行写作教学是非常重要的，这也是教育文章写作中应遵循的重要原则。放弃功利思维是教师的一项重要心理建设任务。应试教育往往会使教师只关注学生的成绩，只会盲目地关注学生的考试分数，并且在追求高分背景下而无视学生能力方面的提升。事实上，追求文章写作高分是一种正常现象，但此目的应该是通过实践练习多写文章，培养学生语言技能的核心素养而逐步实现的，并不能是单方面通过应试训练而达到的。学生在进行作文写作练习时要保持平常的心态，不能总想着"作文速成"的方法，也不能仅仅将其作为语文考试中的一方面来学习，而是要将作文写作作为一种思想表达的方法。总而言之，减少应试的教学心态是写作教学过程的基本原则之一。进行作文教学的总体目的是发展和提高论文写作技能，是学生语言技能的核心领域，写作目标必须是一致的，逐步实施的。教师应该对学生进行正确的引导，让学生正确对待考试与能力的提升，实现能力与成绩的双提升。

（2）考察具体学情。在实际的中学语文课程中，每个学期的写作教学时间基本上是 8～12 小时，与阅读课程相比相对较少。在如此有限的课堂时间里，要解决学生的写作问题，其难度是很大的。大多数学生的写作问题是由于核心素养的发展缓慢而产生的，因此，对学生的作文进行评判时，要能找出其写作存在的问题，并指出问题中核心读写能力的障碍，这是作文写作课程教学必须遵循的原则之一。例如，在编写"深度立意"课堂教学计划时，一位教师对于初三学生进行了彻底的学习情境分析，其发现许多学生认为日常中的事情过于平常，他们认为"不能反映深刻的主题，不容易得高分"。这表明学生对于写作存在着一定程度的功利心，其认为缺乏深刻的思想生活事件不能取得好成绩。为此教师制定了下列教学方法。首先要引导学生从日常生活中发掘写作素材，激发学生的深入思考能力。其次要在教学目标的前提下进行教学，可将某同学的作文进行两次升级，而后比较三篇文章的内容。在此过程中对学生的立意进行深化分析，以此来提高学生审题立意的能力。同时教导学生作文是来源于生活的，日常的一些小事也具备写作的价值。在进行核心语言艺术素养的教学中，教师要打破壁垒，从关键技能开展教学，抓住学生的写作问题。我们要设定教育目标，使学生能够自主解决写作方面的问题，在该学科中获得核心素养的提升。明确具体的学习情境中存在的障碍，并着力对其进行解决，这应该是教师实施课堂教学的一项原则。

（3）丰富作文命题。在 40 年的作文学习改革中，形成了三种常见作文命题方式：命题作文或半命题作文、话题作文及材料作文。在准备写作练习时，教师经常使用前两种格式，即为学生提供有限范围的命题。然后，教师必须全面考虑其命题中的各种要素，将写作与学生生活经历联系起来，并将语文核心素养的发展与优秀的传统文化遗产联系起来。通过这种方式，作文命题的内容尽可能接近初中生的现实生活，因此可以使学生能够在适当引入传统文化主题的同时，在写作中真实地感受生活。这样能够让学生树立文化意识，以写作的形式传承古典文化。

叙事来自生活。通过与生活联系创造一个写作环境，学生能够根据他们的生活和感受来描述他们的经历并写出真实的感受。例如，结合以下场景要求写一篇不少于 600 字的文章。地点：街道；时间：夏季；天气：雨；人物：15 岁的初中生小州。由于生活场景接近学生的现实生活，其可以很容易地融入情境，让学生能够理解题意并合理地联系和想象。此外，这些命题形式有助于学生多元化思维能力的锻炼，同时能灵活运用语言能力，使他们能够全面考查学生在语文科目中的核心素养发展。

文化传承和理解是学生进行语文科目学习的关键目标之一，是写作课中不可忽视的重要教育内容。在教学过程中教师要教导学生通过写作注重对传统文化的学习，加深对传统文化的认识，因此在进行作文命题时可加大对传统文化方面的选材，把学生的成长经历情况与传统文化相结合进行命题。在陕西 2015 年中学考试的作文题目中，我们能够看到其与传统文化相关的命题："春节拜新年，端午节赛龙舟，中秋赏明月……"一个个传统节日，荡漾着两千年不曾间断的精神涟漪，联系着泱泱华夏的繁衍生息，演绎着中华民族的文明，请任选一个传统节日，自拟题目，结合生活经历，写一篇不少于 600 字的作文。在进行这种作文写作时，学生要根据其积累的文化知识、生活材料，再结合其语言表达能力和思维技巧进行文章的创作，同时要表达出自身对于我国传统文化的感悟。因此，在进行命题时加入独特的文化主题，不仅可以实现命题的创新，还有利于全面考查学生语文课程的核心素养发展水平。

（二）运用多元化、多样化的评价手段

作文写作的评价主要集中在对教学目标的实施上，以解决"如何教学"的问题。一般而言，教学评价的主题包括对教师课程的评价和对学生的学习成果的评价。由于学生学习成果可以反映课堂教学的有效性，本节将重点关注学生的学习成果评价，尤其是如何改进评价主体和评价方法，针对评价主体要使其更加多样化。该主体的多元化不是近年来产生的，而是国家在新世纪课程改革之初明确提出的评价要求。但是看看过去二十年的课程改革，这些要求并没有达到预期的教学效果——"教师疲于奔命而学生无所事事，是作文评改效率不高的根本原因"。在笔者对教师评价的调查中，学生的课程状态没有完全反映在教授的评价中。语文学科的核心素养发展具有复杂性和不平衡性，如果学生想要评价核心素养的发展，就需要参与各种学科的评价，即评价学科的多样化。在此基础上，写作评价要进行一系列的调整，继续主张评价主体的多元化，并鼓励教师、学生和家长参与写作评价，将评价主体向着三位一体的方向转变。

1. 坚持教师评价和调控

（1）坚持总体评价。要将评价主体多元化，这并不是说教师必须一味地要求学生和家长参与评价，但是其自身却仅是对此起到组织与管理的作用。教师是进行教学活动的引导者，其对于学生的学习情况的评价是比较客观的，同时具备一定的针对性。因此，对学生进行整体的评价，同时对于学生的学习情况提供参考意见也是非常有必要的，教师应加大此方面的工作力度。对学生的写作能力进行评价时，教师既要从学生的写作练习中重视其在进行文章写作时立意、构思及表达方式等内容，还要在一定程度上对学生的语文核心素养情况进行评价。同时要对学生的语言能力、思维能力、审美能力等进一步加以提升。然而，教师的总体评价只能对学生的学习成果进行评价参考，而不是最终评价的替代品。评价结果包括学生的评价和家长的意见，以提供更全面和完整的学生学习概述。

（2）统筹评价全局。在传统的写作和写作课程中，教师是写作评价的"主人"，对学生能力的评价有着绝对的权威。无论是评价成绩、评分还是写评语，教师可自行决定为学生写什么内容。许多教师抱怨他们有很多作文要进行批改，在很大程度上增加了教师的工作量，而实际成效却不高，很难找到优化作文批改的方法。这种现象与教师自身的评价偏差有关。许多教师认为学生无法写出一篇高水平的文章，怎么可以要求他们对作文进行评分。父母忙于工作，也不理解写作的问题，教师自然不会把任务交给他们。这些担忧低估了学生和家长的评价作用。许多学生并没有过多关注教师的评论，也没有太注意写作问题。"评而不改"的现象非常严重。而家长则只关心孩子的写作成绩，但没有解决方案。因此，如果要使评价主体多样化，需要改变评价的机制，发挥教师在评价中的组织者和协调者作用，认识到参与评价的学生和家长的优点，积极开展评价合作。教师应及时与学生和家长沟通，及时整理反馈意见，并解决评价过程中出现的任何问题。

2. 倡导学生评价和修改

培养学生进行作文评价不仅是以学生发展为本的措施，也是实现评价主体多样化的一种方式。但是部分学生可能缺乏相关知识而不能正确地进行评价，教师应该提供时间和空间来指导和培养其评价技能。为避免在此过程中形式化的评价，教师可以根据"如何评"和"如何改"给学生提供具体说明。例如，教师可以使用作文评价表向学生展示编写评价的基本要求。其补充了解释和评价的原则，并鼓励学生在评价后注意反思和修改，逐步养成修改作文的习惯。

（1）使用作文评价表。对作文进行评改时要为其制定好相应的标准，以方便学生能根据标准对其进行评改。教师可以创建作文评价表，将标准明确列出以供学生进行对照分析。在对作文进行评改的过程中教师要逐步提高学生的写作评价主体意识，引导学生积极地参与对作文的评价过程并对此项工作予以认可。在此过程中学生可阅读大量文章，增加其在作文方面的经验，进而能及时发现自己在写作过程中存在的不足之处，这也是对写作经验的一种累积。在此过程中学生的思维能力及语言组织能力都有了一定程度的提升，对于学生语文核心素养的提升也是一种助力。

（2）重视反思和修改。学生写作过程中的优势及强项、劣势及不足等内容需要教师进行深入研究。同时对于学生在评价过程中从他人作文中受到的启发及感悟应要求学生进行总结，这有利于其自身的核心素养的提升，同时也能够为制定后期的作文写作能力提升计划提供参考。此外，对文章进行评价修改后就意味着写作活动的最终完成。评语能够为学生修改其作文提供方向。学生可以根据评价表的反馈和教师的综合评论，自行评价他们的作文并独立对其进行修改。修改后的内容不仅要确保字词正确，而且不能存在病句或标点符号的错误使用情况，从而能有效提高学生的写作能力及语文核心素养。写作反思对于提高学生语文思维能力及审美能力都是非常有效果的，这可以通过对学生语言表达的运用能力来体现。学生可通过对文章用词及语句、标点符号的检查来对语言技能进行提升，同时也能在一定程度上锻炼学生的思维能力。因此，教师越来越重视鼓励家长参与到对学生反思和评价的过程中，并加强家庭与学校之间的关系，不断强调家庭教育的重要性。对于家长而言，参与评价可以更好地了解孩子的学习和写作情况，为孩子的学习提供更有效的指导。教师必须积极鼓励并邀请家长评价学生的学习成果。为了提高评价的有效性，家长应提前确定学习任务，并明确评价的具体要求。教师安排任务时使用书面语言材料通知家长，让家长参与到对学生作文进行评价的过程中，并对其提出修改意见，以提高家长的参与感。教师要及时告知父母其孩子的写作水平，使父母可以清晰地对孩子的学习情况进行评价。

此外，在学期结束时，教师可以鼓励家长在假期期间评价孩子的整体写作水平，或者使用核心素养评价计量表评价学生的核心读写水平。当然，在实际教学中，教师可能面临一些父母不合作、不愿意对学生的作文进行评价的情况，这时与父母沟通尤为重要。教师应以诚意邀请家长参与写作评价，逐步树立家长的引导性意识。事实上，应该改变评价机制过于单一的现状，由教师、学生和家长组成的多元化的评价主体共同对写作情况进行评价，能够最大限度地提升学生的作文写作水平。因此，教师应积极推动评价主体的多元化发展。

3. 评价方式更趋多样

语文的核心素养在发展形成的过程中，个体间存在明显的不同，因此在对其进行评价时同样要从多方面开展，实现评价的多样化。在进行评价时教师可根据实际情况为其制定相应的评价量表，以此来对学生进行全面评测从而对学生核心素养的水平有着更为准确的判定。为此教师可组织学生进行语文方面的学习交流，进而能有效地对学生的核心素养情况进行判定。教师还可以起到形成评价的作用，建立写作成绩记录档案，直观地显示学生核心能力的发展过程。

（1）制定核心素养评价量表。为了评价和测试学生在语文学科的核心素养发展，有必要对学生的写作及语文教学加以重视。在这方面，教师可以选择纸笔测试方法或制定评定量表进行定量评价。评价量表可由教师、学生和家长进行制定，以确保评价结果尽可能有效。

（2）开展语文学习交流活动。大多数教师使用写作测试来评价写作，但过度采用此种方法不仅会降低学生的写作兴趣，还会导致学生产生反叛心理。相比之下，语文学习交流活动可以锻炼学生口头表达能力、思维能力。在评价学生的学习成果时，真实的活动场景能全面评价学生的活动、个性特征和交际互动的情况。同时此种方法也能调动学生的学习热情，使学习更有趣、更容易。对于活动的时间安排，教师可以根据实际情况灵活调整。每月一次、每两个月一次或每学期一次，测试应围绕特定的知识点进行组织，具体实施方式取决于学生写作能力提升的实际进度。活动的内容必须与同一时期开展的写作教学任务相匹配，并创造学生可以在活动中利用所学知识的条件。活动的形式应该是多种多样的，如口头作文、头脑风暴、背景创造和交流，灵活的评价方法更适合教师充分了解学生的学习成果。但是教师应该知道个体评价的参考值是有限的，这可能是因为个别学生缺乏参与活动的热情，未能取得优异成绩，最终教师无法充分评价他们的表现。这就提醒教师应综合考虑评价活动和作文评价的结果，最终完成对每个学生学习成果的总体评价。

（3）建立写作成果记录档案。建立写作成果记录档案是教师形成性评价的具体体现。"形成性评价关注学习过程；终结性评价关注学习结果。"写作情况记录表体现了学生写作在成长过程中的发展情况，包括学生的作文成果、作文评价表、核心素养评价量表等基础资料，其能对学生语文核心技能的成长进行跟踪，为学生学习的变化情况留下记录。虽然有部分教师对此提出了不同的看法，他们认为教师的日常工作就非常多，再增加对学生写作成果的记录会在很大程度上加大教师的工作量，而实际上这种操作也不会对学生起到实质性的帮助。尤其是在现阶段，学生的学业负担非常重，而学生与家长往往只是对学生的学习成绩进行关注，对于其他方面的内容则不会过多在意。但是实践证明，对学生写作发展情况进行记录不但能体现出学生语文核心课程成长的过程中，而且这个档案显示了学生核心能力的发展，保存了学生发展的轨迹，同时也提供了实际材料来反映学生的学习经历。因此，笔者认为这种建立档案的做法还是可以实行的，但是要避免盲目开展，此方法的开展要取决于适当的教育评价。在实际教学过程中纸笔测试还是要作为主要的成果测试形式，之后要对其进行有效的评价并填写在学生写作记录表中。教师根据写作的需要灵活选择，其最终目的是实现对学生学习成果的评价。

（三）巧借阅评力，踏上作文成功路

1. 作文评改建议

通过对初中语文教师和笔者亲自执教经验的总结，我们得出结论：现阶段初中语文教师在对学生作文进行评价时，其所遵循的原则不但要根据传统教学中得到的经验进行，而且还应包括大量教师在实际工作中总结出的教学经验。在此基础上对其进行总结分析可得出对初中生写作能力进行评价的行之有效的方法。但是在此过程中有关传统作文教学与新形势下作文教学之间出现的矛盾问题仍然要引起有关人员的重视。朱绍禹先生在对作文进行批改评价时认为，现在初中教师对作文的评改大都比较保守，而一部分教师在评改过程中过于细致，导致其工作量大幅度提升，但是却起不到应有的效果，其创造能力通常较低，所以对作文的评改方法进行不断改革是现在作文评改过程中急需解决的问题。所以作为一线初中语文教职人员，我们也应加大对此问题的研究，并致力于对其进行真正解决。为此笔者在调查总结的基础上提出了下列几种应对方法。

（1）"有理、有据、有节"的作文评改三原则。现阶段教师与学生在对作文进行评改过程中经常出现三种情况：一是思路混乱，无法对作文主旨进行有效的把握；二是对作文中存在的优缺点判定不准确，不能对作文水平进行判定；三是在评改过程中的用语略显偏激，教师对于学生的鼓励性评价过少。对此笔者认为在对作文进行评改时应做到"有理、有据、有节"。此方法的提出源于学生间相互评价的经验。在教师的监督下，组织学生以书面的方式对学生的写作情况进行评价。在对其评价进行审核时，笔者有针对性地对其评价过程中存在的问题进行了总结：一部分学生的评价思想混乱，清晰度较差；一部分学生存在很多空话，陈词滥调与原文不搭配；缺乏评价要点，语言表达存在较大问题等。

有理，这其中的"理"指的是道理。"理"来自哪里？理，指的是既符合发展规律，又符合人们的审美标准。在写作评价中我们说的"理"，是指一些自然规律、社会基础知识、标点符号的正确用法、写作的道德原则等。在对一篇文章进行评价时，无论学生还是老师都要有一定的逻辑与道理，有理才能对其进行评价。

有据，这其中的"据"指的是根据，进行作文评改时不能没有根据地胡乱评改，所有的评改都要有相应的根据，不能泛泛而谈导致学生无从修改。在评改时要指出文章中存在问题的具体位置，其问题原因，如何对其进行修改。

有节，这其中的"节"指的是对文章的修改要有节制，不能过于详细，同时不能将全部问题都写出来。这种情况经常出现在新手教师中，其往往会对学生的文章进行非常细致的评改，既增加了自身的工作量，也抓不住重点起不到预期的效果。而对于文章问题表达过于全面的问题也是经常出现的情况，这会在很大程度上降低学生对写作的学习兴趣，进而打消学生的学习积极性从而起到负面作用。

在实际的评价过程中，教师不能抓住个别问题过于深入地对学生进行批评教育，应以鼓励的态度，调动学生的学习激情，批评教育只是作为一个辅助手段，其目的还是提高学生在写作方面的整体能力，让学生乐于写作，敢于写作，发散思维，从而能写作出更加高质量的文章。

（2）切实做到评改方式多样化。斯金纳的强化理论告诉我们，及时进行强化操作可以避免学生在学习过程中受到不相关的外部因素的干扰，应建立学生的学习行为和强化之间的直接联系。如果评价需要太长时间，会导致作文写作与强化行为之间增加不相关的行为或刺激，那么它将会造成后期的强化出现紊乱，进而造成作文行为出现不可控的情况。这要求教师在对学生的作文进行评价时不但要有效而且要及时。但是，就目前初中作文评价的现实情况来看，教师很难及时地对学生的作文进行适当而详细的评价。基于这些难题，我们必须重新审视学生作文评价的意义。有关课程标准指出要将"积极倡导自主、合作、探究的学习方式"作为课程的教学基本理念，对学生倡导以"双主体"的形式进行学习，其认为学生应该作为学习的主体主要对写作内容进行学习，而教师则要作为教学的主体对学生进行教学。在对作文进行评改时，教师要主动放权，让学生加入其中来。不仅是教师对学生的作文进行评价，还要让学生自己进行评改，将教师评、学生改二者很好结合起来，落实到作文教学中。为了实现教师评价的多样性，学生必须参与到评价之中。作为作文评价主体的学生也应该对作文进行评价。除此之外，鼓励学生可以书面的形式写出一系列与评价相关的信息，培养学生的信息处理能力，对于学生的逻辑性与条理性也有一定的好处。有关课程标准还提出作为初中语文教师要"重视引导学生在自我修改和相互修改的过程中提高写作能力"。考虑到中学生没有系统地学习作文评价的理论知识，这里的"放手"绝对不能是教师完全忽视对作文的评价工作只让学生自行进行，而是在教师的监督下让学生进行相互评价，并对学生的写作进行自我评价。

①教师评改。教师评价是传统写作课中使用最广泛的评价方法。大多数学生认为教师在评价作文方面最为有效。大部分教师已经掌握了写作领域的专业知识，在作文课程方面积累了丰富的教学经验，能够为更高水平的学生写作提供更专业和多目标导向的评价。教师应努力平等地与每个学生交流，以体验学生在写作中的内心感受，并进行公平公正的交流。通过这些评价和交流，学生就会更有写作信心，教师可以通过感受每个学生的写作水平来提高他们的写作技巧。通过这种方式，即使学生在写作方面有一定的思维定式，他们也会放弃过去的写作模式，大胆地写下他们内心的话语和对生活的看法。然而，长期的单一教师评价将越来越多地受到传统的"尊师重道"思想的影响，这会演变为根据教师的意图进行写作的恶劣情况，并将遵循所有关于教师给出的判断。教师代表"权威"，是区分作文水平的唯一人员。因此，我们必须重新考虑教师的评价方法是否仍能满足当前的写作课程。学生和家长应参与到评价中，形成多学科评价网络，进一步发挥学生的自身能力。

②学生自评。学生的自我评价是其进行主体评价的一种有效形式，《语文课程标准》中对于7—9年级学生的写作要求是确保学生能达到"根据表达的需要，借助语感和语文常识，修改自己的作文，做到文从字顺。"的目标。对于教学的实施也给出了相关的建议，其指出语文的教学要想尽办法提高学生的

学习兴趣，引导学生养成良好的学习习惯，帮助学生掌握正常的学习方法，并为学生营造出适合自主学习、深入探究的良好学习环境。有学者认为，在完成一篇文章的写作后要首先对其进行通读，再进行修改，之后可再对其进行反复阅读与修改。而另外一些学者指出每篇文章都不是能一次性成型的，每次对其进行阅读都能从中找出一些有待改进的地方。组织学生进行作文自评既是对文章内容的进一步完善，也是学生自我反思、自我提升、自我批评的过程。根据斯金纳强化理论，教师应指导学生进行自我强化，这比教师比对学生的强化作用更加显著。经过自我强化后，学生能清晰地意识到其文章中存在的不足与缺点，有利于学生对问题进行有针对性的解决与改正，以此来提高学生的写作信心，提高写作技巧。教育学家叶圣陶认为对作文进行批改工作应首先让作者本人开展，因此在进行作文教学时要着重培养学生的自改能力，以确保其能首先对自己的文章进行修改。教师组织学生进行文章内容的评改，不但能提高学生的赏析能力，而且能在很大程度上减轻自身的工作量。但是要注意的是，在引导学生对作文进行自评时，并不能抛弃传统的教师评价，二者要进行有机结合，现阶段还不能仅采取单一形式。教师的评价对于学生来说作用还是非常明显的，在评价的主体中增加学生并不是要将教师的作用忽视掉。由于学生对于评价方面的经验及相关知识比较有限，所以教师可以为学生树立评价榜样，以少部分评价的讲解来提高学生的评价能力。

在这个过程中，教师的角色是必不可少的，教师必须提供论文评价的专业化讲解。比如，此处存在什么样的问题，产生这种问题的原因是什么，应该如何进行有效解决，对文章的评语应该写什么，具体怎么写等内容，教师都要进行详细讲解，同时要积极地为学生解答其在评价过程中遇到的困难及问题。有资料显示，一些优秀的语文教师在组织学生进行评价的早期，会为其提供一个特定的评价模板。这是因为学生刚刚开始对作文进行评价，不具备此方面的评价经验，感觉无从下手，教师可在此时提供特定的模板以供支持。

③学生互评。《语文课程标准》为7—9年级的学生确立的写作目的是：能与同学对文章评论进行讨论分析，学生之间能相互进行文章的评改，并对评改内容进行交流研究。组织学生互相对作文进行评改的目的是方便学生之间交流写作经验，对同学文章中精彩的内容和流畅的部分进行鼓励并积极学习，学生要在能力范围内对文章进行修改，指出作者在文章中存在的一些缺点和不足。《语文课程标准》对于教师则要求其能在一定程度上对学生进行刺激，以此来提高学生的学习兴趣，培养学生对知识的好奇心和求知欲，进一步提升学生发现问题、解决问题的能力。教育工作者马正平在《中学写作教学新思维》中对

于初中生的作文评改问题发表了自己的看法，其认为对于学生作文的评改，其主体应该是学生自身，但是在此过程中教师的作用也是不可忽视的，教师应该有效组织学生开展全面的互评与自评。在此过程中教师与学生的地位要进行很大程度的改变，由原来的教师为主要评价人员改变为在教师的引导下让学生进行评价。教师成了评价的组织策划人员同时对评价结果进行判定，而学生则要从文章的写作到评价都发挥着主要的作用，自行对其进行评与改。教育工作者赵庆华认为教师要对学生的评价情况进行监督，听取学生对于文章内容的讨论情况，及时纠正此过程中的错误，以确保讨论情况能维持在较高的水平，避免讨论流于形式起不到实质的效果。对于学生的讨论情况教师要随时关注其整体动态，以确保讨论能切实实现学生间经验的交流共享，从而促进学生写作能力的整体提升。阎苹和杨涛也在其《作文评改的四个新特点》一书中提出了相似的论点，其指出开展学生间的互评自改活动不但能将改的权力交回到学生手中，而且能保证了评改过程中学生的主体地位。同时，互评的方法也有利于学生间感情的交流，增进同学间的情谊，促进了同学间的互相尊敬，有利于学生向他人学习弥补自身的短处，有助于学生对事物多方面多角度的观察与分析。

学生愿意接受新的作文评价方法，但在一般写作课上没有这种组织形式，其根本原因是教师没有组织。《对话：让作文评改更轻松》一文中指出大部分学生是希望自己的文章能得到更多人的阅读，从而能找出自己文章中存在的优点和缺点。而让学生自己互相进行文章的评价也能在一定程度上改变评价角度，减少了一些因教师的"成人"见解而对文章造成的不恰当评价。学生的评论有的是真实的赞美，有的是直言的批评，这些都是基于平等的地位而给出的贴切评语，这较教师的上级对下级的评语更加容易被学生接受。在学生间组织作文评改既是学生所期盼的，也必然是作文评改的发展方向。此种方法对于学生的自身发展有着十分显著的作用，首先能在很大程度上促使学生开展"自主，合作，探究"的学习方式；其次能反映学生在理解方面的能力，提高其对事物规律性的深度认识；最后，教师通过组织学生进行作文互评能有效提高学生的阅读和写作能力。学生通过对作文的评价可以有意识地学习他人写作的优点，并在评价中发现自身存在的缺陷，进而提高自身的写作能力。学生对作文的评价遵循的流程是写—读—写。在《中学写作教学新思维》一文中指出学生对作文的评价与修改同样是其写作能力的一种表现。在进行文章写作时学生的写作能力能得到练习，在对同学的文章进行评价时其阅读能力也能得到练习，为同学的文章写评语也是对写作能力的另一种练习，将学生写作能力的训练由单纯的作文写作拓展到了对文章的评价中，有效提高了学生的时间利用率，增加了学生练习的机会，从而能获得更多的收益。但是，持传统的教学观念的部分教师仍然没有认识到学生参与到作文评价中的意义，其仍坚持认为教师组织学生进行作文的评价是在找借口偷懒进而减轻自己的工作量。而实际情况是教师要确保互评教学能取得预期的效果，则其在此方面所投入的精力与时间比正常的教师作文评改要高很多。首先，教师需要向学生进行此种评改方式的讲解，而后对评改的相关知识进行说明，同时要对评改要求及分数的划分进行详细介绍。其次，教师要在具体的评改过程中指导学生发现文章中的优秀语句并引导学生如何为其编写激励性的评语。最后，在学生完成互评后教师还要对学生的文章进行再次评价，同时对其中的评语进行讲解，以此来确保学生的写作水平能切实得到提升。在实际对学生作文进行评改的过程中，不论是教师评改、学生自评还是学生间的互评，这三种方法都存在着一定程度的不足之处，在具体的应用过程中应将其进行有机融合，以确保评改能真正起到预期的效果。

《语文课程标准》还建议教师在对作文进行评价时"要理解并尊重学生的自我评价和相互评价"。教师在看待作文评价时要持欣赏的态度来看待教师的评价、学生的自我评价及学生相互评价间存在的不同之处。对学生理解文本评价标准的情况及评价结果持包容的态度，我们应该以尊重的方式对待学生的情感体验和个体差异之间的差异。根据威特金的认知风格理论，我们可以将 A 类学生视为场独立型认知群体，他们更多地依赖内部参考，对外部因素不太敏感，并且习惯于对事物做出独立的判断。在写作课程上若没有教师的指导，则 A 类学生对文章进行自评时通常会找不出需要修改的地方，对自己的作文充满信心。在没有教师指导的情况下其给出的评语也较冲动，过于主观。其他人给出评价反对他们的观点时，A 级学生会与他们进行争论。我们可以将 B 类学生视为场依存型群体，他们则习惯于更多地依赖周围环境进行外部参照，并从外部刺激和交互中定义知识和信息。在进行作文教学时此类人员通常需要更多的沟通，其要在写作之前收集足够的信息资料。开展没有教师指导的作文自评与互评教学时，B 类学生通常会受到其他学生的影响，自我评价将不那么有效。如果没有教师指导而进行的文章互评，如果有太多负面评论，则 B 类学生很容易受到影响，对写作的热情也会降低。因此，教师应引导学生进行自我评价和相互评价，完善评价教育的课堂设计，以帮助每个学生健康发展。

④家长评改。家长参与作文评价是学生和家长沟通的好方法。《语文课程标准》建议家长、专业人士等可酌情参与评价活动，以提高社会对学生的语文学习的关注度。通过查看孩子的作文，家长可以了解孩子目前的写作水平，在写作评论中与孩子共同学习，并与孩子关系更加亲近。父母可以通过观察孩子

的文章用语来理解他们的内心世界。通过作文评价建立家庭学习氛围将有助于学生成长。孩子会感受到父母的照顾，这是一种家庭的鼓励、沟通，也会对孩子未来发展起到积极作用。

2."多轮互动式"编辑评改法

《语文课程标准》建议教师要合理利用信息技术和网络的优势，改变文章的写作风格，激发学生的写作兴趣，提高学生的创造性表达能力，为学生提供了交流和相互评价的机会。为应对现阶段传统书面评改中存在的缺陷问题，再加上学生和教师对于评改工作的消极态度，笔者采用了一种创新的方法来进行作文的评改。此方法利用的是计算机中 Word 办公软件对文字的强大处理功能，其可在"编辑"下进行文章的评改，以此来减轻教师与学生的工作量，同时能提高评改的有效性，从而提高了学生的参与意愿。在学生写作之前，教师和学生应该在课堂上讨论项目主题及此次培训的重点和要求。教师要确保学生在作文的左上角写下文章的重点及相关要求，以此来提醒学生需要做什么，还有多少未完成的任务。以后学生在开展自评与互评活动时，学生可以检查符合要求的项目对其进行相应的标记，以更加明确地进行修订评估。完成上述步骤后学生要先进行纸质的文章写作，而后再将其以 Word 格式的电子文本录入到计算机中。这个过程中学生要先对文章进行一次"非书面"修改，可以培养学生发现问题的能力，同时也为将来学生自己评价打下坚实的基础。

实施"多轮次师生互动式"作文评价方法可分为四个阶段。第一步是将文章的保存格式统一。将原始名称替换为"班级＋姓名＋原稿"。打开电子文档并统一结构的格式，如首先将字体都规定为宋体，并将字体编号统一设置为五号。选择页面布局中最推荐的布局。此时，所有文章的格式基本完成统一。第二步是打开工具栏中的"审阅"菜单，找到"修订"并单击。此时即可开始对作文的评改。添加的内容和评改部分都将以红色字体显示在文本中，删除的信息也不会丢失，同时会自动添加清晰可见的修改符号。要对整篇文章进行评价时，请在"审阅"菜单中单击"批注"后再进行评论填写，以替换传统论文评价中"总审批"的功能。完成评改后应选择"另存为"而不是"保存"选项，因为"另存为"将允许保留学生的稿件原文。在首次修改完成后可将文件命名成"姓名＋[1-1]"表示教师的第一次评价。第三步是教师通过互联网直接用邮件或聊天软件向学生发送评价稿，并要求学生直接在此基础上进行修改。同样，学生要将修改后的稿件再次发送给教师，并更改名称为"姓名＋[1-2]"以表示学生的第一次修订。Word 软件自动识别学生在审阅和修订期间修改的痕迹，并以不同的颜色显示出来，每次不同的修改计算机上都会有相应的显示，修改后的内容将以多种不同于先前文字颜色的方式显示出来。当学生对教师评价进行更改时，如果校正达到教师的期望，教师可以删除对修改后的稿件问题的评论，以表明问题已经解决。在教师评价和学生修订轮次结束时，修订后的手稿[1-2]中指出的一些问题将得到解决。教师可以使用第二次评价来删除学生文章中已经解决的问题和相应的评价。在继续评价审核过程后，找出学生作文中的问题并以相同的方式显示它们，并创建一个代表教师第二次评价的 [2-1] 文档。然后将作文发送给学生继续编辑并命名修改后的文件为 [2-2]。第四步是学生在几次修改后其文章就没有过多问题了，如果他们需要打印出作文内容，则他们必须删除所有修改痕迹。这项操作可在最后一轮修改后的文本（假设为 n），如 [n-2] 中，在"审阅"菜单栏中找到"接受"并单击，然后单击"接受对文档的全部修订"就可完成对修改痕迹的清除。我们将其保存为"题目 + 最终稿"。完成这四个步骤后，就实现了"多轮次师生互动式"的编辑评审。以下是一篇文章在经过"多轮次师生互动式"评改的过程示范。教师可以为每个学生创建一个作文评价文件夹。每篇作文都是一个"档案"类型的手册，经过多次审核、修订和保存，记录学生的写作过程。"档案袋"也称为成长记录袋，其最终作用是"为了显示学生的学习过程和进度"。档案袋可以分为两类："过程型"和"精选型"。过程型档案袋主要是对材料进行储存，其最终完成的是形成性的评价；精选型档案袋则是对部分优秀作品的存储，其实现的作用是进行终结性的评价。《语文课程标准》表示我们应该加强形成性评价，加大对数据的收集，以此来反映学生的语言学习和发展情况，并应注重对成长过程的积累，如成长记录袋。由笔者的"多轮次师生互动式"成长档案袋就是一种"形成性"评估方法，侧重于学生在学习写作过程的记录。

利用此种方法可以及时提出问题，及时收到反馈，并及时改进教学活动。一方面，这样的记录有助于教师教学经验的累积。另一方面，学生个人的记录，如记录学生学习写作的进度，也是对他们的激励。语文教师必须明确建立成长档案袋的目的是什么，以及它在评价学生组成方面可以发挥什么作用。之后从学生写作过程中的实际需求的角度来对相关素材进行收集，并对学生的档案制作时间进行明确的规定。对于学生在档案制作过程中所花费的时间也要进行统计分析，同时对其提出相应的要求，并制定出与之相关的评价标准。在《语文课程教学概论》中对于档案袋评价法有五方面的说明：一是要求档案袋的制作要简单易行，便于学生入手操作；二是可先组织少数人员进行示范操作，再大范围应用到全体同学；三是要定期对档案袋进行展示与经验交流；四是此档案袋要具备展示学生成长及发展过程的功能，以做到鼓励学生的目的，对其的对比不能与常规作业相同，不可在此方面过多的增加学生的思想负担，在确保学生进行此项操作时不会出现应付的心态；五是档案袋中所包含的内容要全面，对于每个学生的综合评价都应包括在其中，不能只保存部分优秀的内容。进行作文教学时，教师要指导学生建立个人的作文成长档案袋以便对其作文成长情况进行记录，这也有利于其他人员参与到学生的作文评改当中，对于实现多元化的作文评改是一项有效的助力。记录档案的过程不仅反映了学生评价能力的提升情况，还纵向反映了学生写作技巧的形成和发展。

3. 作文评改应具有可操作性和指导意义

"评"最重要的目标是为了"改"，若教师的评语缺乏具体的意见，则在这种情况下的"改"就不能有针对性地进行，这意味着教师评价没有起到真正的作用。"授人以鱼"不如"授人以渔"，教师要想真正提高学生的写作技巧，则不应等到学生文章完成后从中找到其存在的问题，而是应该在学生写作前对其之前存在的问题进行讲解，以避免其再次出现同样的错误。因此，教师在对文章进行评改的过程应注意评价的可操作性，并反映出评价的实际意义。张志公先生就指出，学生好不容易写出的文章，在经过教师的评改后多了很多的红杠子及圆圈，而评语只是几句简单的"不简洁、不生动、中心不突出"等，学生无法真正了解其文章的问题所在，时间一长必然会对作文产生抵触心理。教师的评语不能只是对一些优点进行表扬，而对于一些不足不仅要指出，还要给出恰当的修改意见，并对问题的具体位置进行标出，以方便学生能找出其文章的问题所在，并有针对性地进行解决。例如，临汾的教师在初秋时布置的作文《临汾的秋》，让学生根据实际情况对秋天的特点进行描写，并鼓励学生观察秋季学校及回家路上的风景。然而，笔者发现学生的文章中基本上都使用了"金黄的秋叶""踩在落叶上的声音"和其他深秋的风景，这是与现实的严重不匹配。在这个例子中，教师对学生作文进行评改时要指出其脱离了实际情况，造成这种情况的原因是观察不仔细，解决问题的方法是在学习的间隙可观察窗外的景色，引导学生进行实地探究，进行相关方面资料的积累，之后再进行文章写作。

在对文章进行实际批改时，若只是指出其中存在的问题，但是不对修改给出具体的意见，则会导致学生无从下手，不知应从哪开始修改，使得最终学生写作水平无法得到有效提升。教师在进行评改时还要针对学生文章中存在的问题分出"轻、重、缓、急"，有层次地引导学生进行修改，对于一些不严重的问题可稍微略过或留待下次再进行解决；对于一些较为严重的或较紧急的问题

则要及时指出，同时要求学生做出正确的修改。需要注意的是教师在写评语时其用语不能过于偏激，也不能太过直接，要选用学生容易接受的语句，以避免起到负面的作用。要牢记评语的目的是为了帮助学生快速地认识到自己的错误并及时做出修改。

第三节　古诗词教学重点策略

古诗词教学与文言文教学有着相似之处，但是古诗词一般篇幅短小，通过构建意境来表达作者的情感。因此古诗词教学时，不能够局限于词、句的学习，还需要了解作者的生活经历与背景，再从作者的诗词之中找寻作者想要表达的内涵。

一、核心素养视角下古诗词教学重点、难点

古诗词教学内容需要根据其重点以及难点来确定。重点内容一般是需要进行考试的部分或者需要学生充分理解的部分。难点内容组成比较复杂，对于不同学生内容也有所不同，在此过程中，需要教师与学生共同努力，减少教学难点的数量。

（一）初中语文古诗词教学重点界定

文章的重点是文章中的精华，古诗词之中亦是如此。比如，在文章《师说》中其重点分为两部分，一部分是对教师作用的讲解，其认为"师者，所以传道受业解惑也"；另一部分是对教师标准的说明，其认为教师应满足"师不必贤于弟子，弟子不必不如师。闻道有先后，术业有专攻，如是而已"。夸美纽斯说："聪明的人不是知道得多的人，而是知道什么是有用处的人。"这就要求教师在教学过程中要善于发现对学生有用的部分，以此来达到提高教学效果的目的。同时教师对于学生的教学若能从对学生有较大益处的角度出发，则对于学生来说也有着非常重要的实际意义。我国的历史非常悠久，这期间产生了大量的优秀传统文化，这是中华民族生存和发展的坚实基础。我国上下五千年文化构成了一个伟大的知识宝库，而古诗词就好比其中的闪亮的珍珠。中央电视台组织开展的《中国诗词大会》带动了新一轮的古诗词学习热潮，这更是体现了其对于我国的人民来说，古诗词就相当于刻在骨子里的内容，是民族的宝贵财富。这与我们语文课堂教学的实际情况形成鲜明的对比，在实际中学语文教学中，教师对我国古代诗歌的教学效果并不令人满意。对造成这种情况的原因进行分

析，主要是古诗词是文学和艺术的浓缩，其内涵是非常丰富的，且有着无穷的韵味，教师在教学过程中难以将作者的真正意图表现出来。初中古诗词的教学重点主要体现在《新课标》对教学的要求中。在对古诗词进行教学时，学生自身存在的理解水平的差异造成了教师教学方法选择上的不确定性，无法根据学生的实际情况为其制定出适合的教学模式。同时教师自身水平也会对教学产生较大的影响，这都是造成教学效果不理想的主要原因。为有效提高教师在古诗词方面的教学效果，则要对以上问题进行有针对性的解决。在具体的教学过程中，教学重点与教学难点并不是完全相同的，一部分教学重点可能其难度并没有那么高，而一些教学难点可能并不是教学重点，对此教师要进行严格区分。下面笔者就教学中存在的重点与难点的区分界限进行详细说明。

1. 初中语文古诗词教学中的重点界定依据

中学语文阅读教学中古代诗词的阅读比较重要。因为它相较于其他类型的文章是存在很大程度的区别，且有其自身的特色。因此在对其进行教学的过程中药掌握其教学重点。

（1）新课标规定的初中古诗词教学。《义务教育课程标准》是由教育部制定的课程教育文件，作为教学方案指导性文件，其立场是显而易见的。关于新课标教育的重点是要注意教育不能盲目，需要有针对性地开展。在古诗词教育的形式中，新课标根据需要，无论如何实现，都可以有多种表现形式。针对新课标之中的内容可知以下内容。①提出了新课程的基本概念：学生性格品性的熏陶作用，注重提高学生的语言技能。②自主性、合作性和研究方法，并确定学生是学习的主体。③建设课程强调注重阅读积累，文章整体把握和影响。④课程目标应在知识和技能、过程和方法、态度和设计价值三个方面共同体现，目标的设计侧重于语言技能的整体提高。⑤让学生浅读诗文，增强学生的审美水平。

（2）背诵80篇课外优秀诗歌。初中生通过对古诗词的阅读和理解，以及在教育实施过程中的长期积累，使得学生具有独特的审美经验和知识，以提高其古诗词品位，并将他们的知识代入到生活之中。新课准对古诗词的要求应成为古诗词教育过程中的重点。特别是教学过程中要注意个别教育，充分发挥学生的学习特长。在培养学生语文古诗水平时，其主要方式包括辅助学生增强古诗词积累量、引导学生深入对古诗词的理解、培养学生正确的价值观和人生观等，旨在使得新一代初中生有理想、有追求。

想要实现这些内容就需要教师在日常授课的过程中反复强调古诗词中所传

递出来的信息。教师要充分挖掘学生的需求，避免学生被限制在过去的教学方法框架下，应该鼓励学生勇于创新。通过发挥学生学习意识和自主学习的习惯，激发学生的学习兴趣，培养学生的自主性，引导学生掌握语言学习方法，这样有利于创造一个合格学习环境。

2.初中升学考试对古诗词的要求

初中升高中考试其重要性不严而喻，因此教师讲课侧重于应对考试以便学生获得良好成绩顺利升入理想高中。大多数父母十分看重初中升学考试，因为这直接关系到学生能否顺利进入一所优秀的高中，甚至关乎学生以后是否能够上一所高水平的大学，因此初中升学考试与大学入学考试的重要性是一样的。

（二）初中语文古诗词教学难点界定

明确初中语文教学中古诗词的教学难点，方便教师在备课之时进行教学思路的清理，有助于教师找到正确的途径，将难点进行分解，易于学生的消化吸收。然而，在教学过程中诱发古诗词难点产生的因素是多种形式的，关联性非常强。

1.教学目标与考试目标偏差所产生的难点

初中语文课程新标准执行后，语文教材进行了新的编排工作，内含的内容更加多样化，古诗词在整本课本中的占比有了提高，这种调整预示着在今后的教学过程中，古诗词教学作为教学的重点会更加突出。"课程标准作为国家课程的指导性文件，是国家提出的对基础教育课程的规范和要求，也是教材编写、教学、评估以及考试命题的重要依据，是国家作为评价和管理课程的理论性基础。"

受到古诗词教学所占教学比重日渐增大的影响，新课标提出了新的要求以应对古诗词的教学。但是通过比对发现，中学考试的考查目标和新课标的目标之间的偏差非常明显，这种差异就是教学难点产生的原因。从表现出来的内容上看，课程标准量化了初中时期学生应该掌握的古诗词标准，然而实际过程中这只是提出了一个片面化的标准目标，在一定程度上甚至是模糊的，其原因是该标准未能就课堂上学生该掌握的古诗词的语法、用词方式等概念的认知和理解进行明确的要求，考试范围内也不含此项。但是在期末考试过程中，对学生考察的内容一般是要高于平时所学的，教师在进行课程安排时如果只是参考新课标要求，那么在教学过程中就会忽略掉很多的难点，造成考试时学生对问题解答不上来，结果就成了教学时辛辛苦苦而结果却差强人意。例如，2015年河南省普通高中招生考试语文考试中的古诗词阅读，题目要求考生整体上对古诗进行分析了解，把握住其内涵后提炼出古诗词的中心大意。对考生来说，这样的考查若采用溜冰做比对，考查难度就像是一个运动员刚掌握了溜冰的技能，就将其安排到赛场上参加花样溜冰的竞赛活动，困难程度不言而喻。因此在展开教学活动时教师要能够注意到新课标要求与考试要求之间的差距，在教学时注意进行弥补。

2. 教材设置不合理所产生的难点

教科书是教育进步的表现，教科书的合理性直接影响到最终教学的有效性。虽然教材一直在调整，但是仍然存在着一定的不合理情况，对教师教学质量以及学生的学习有着非常重要的影响。大部分教材中的古诗词均是名篇，这些古诗词一般具有多样的表现形式，深厚的感情色彩，其所传递的思想也与学生的心理发展阶段相符合，与学生的认知相匹配。然而，这些教材中也有一些问题不容忽视，主要集中在文章的选择与编排上。

（1）文章选择之中存在的问题研究。古诗词所占的总比例过低，相较于其他的文体而言，现阶段教材之中的古诗词有些单薄，这就造成了学生在掌握这些内容时可参考内容太少。除此之外，即便是在课外阅读中收入了 60 首古诗词，从数量和质量上满足了学生的学习需求，然而由于这些内容并不在正规课文中，一般教师也不会讲解，学生也不会主动探索，只是对其进行简单背诵，应付考试而已。因此，这部分古诗词的设置并没有完全解决诗词量不足的问题。

（2）古诗词之中背景叙述缺陷。想要全面地分析一首诗词，就必须了解作者的时代背景以及其经历，然而在一般教材之中，只是对古诗词的来源以及作者进行简单的介绍，并没有真正分析其背景。这就造成了学生在学习过程中存在一定的迷茫感，并不能深入地了解古诗词所要表达的意象，使得对于古诗词的理解只是停留在了表面。虽然教师也会在课堂上进行古诗词背景的简介，然而一般情况下课堂时间有限，大部分时间都用来了解分析古诗词，真正用在交代背景的时间并不多，这就造成了学生对于古诗词所要表达的情感产生理解障碍。

3. 学生认知水平差异所产生的难点

每个学生所处的环境不同、智力发育不同、认知程度不同，这就造成了每个学生学习的能动性有所区别，这些都对古诗词教育造成了一定的困扰。尤其是初中生处于发育的年纪，其心理正处于发展时期。虽然勇于创新，但是缺少成年人完善的思维。正是由于其心理的不稳定性，造成了其热衷于探索新鲜事物，然而由于人生阅历的缺乏，导致了其对于任何事物都只是停留在表面的认知，这就使得学生对于知识的浅尝辄止。初中生在做事专注性方面仍有所缺陷，即便是其在区分一些细节方面已经日趋成熟，其专注性的提升方面仍有很大的空间。有资料显示，初中生的记忆过程更加倾向于其感兴趣的内容以及较为直观的内容，而对于一些具有抽象性、枯燥性的对象，其记忆力明显下降。如《黄鹤楼送孟浩然之广陵》，"故人西辞黄鹤楼，烟花三月下扬州。孤帆远影碧空尽，唯见长江天际流。"在对这首诗进行鉴赏时，前两句诗在理解上基本上没有歧义，但是在最后两句的理解上，有些学生只是从字面上理解了其意义。在理解"孤帆"一词时，好多学生认为"孤帆"是指只剩下一艘船逐渐消失在了视野之中。唐朝是我国历史上有名的强盛时期，因此有着盛唐之称，而长江是我国主要的航运通道，不可能只有一艘船，如果学生只是从字面理解意思，极容易出现认知上的错误。其实这里作者想要表达的意思是自己由于对于朋友的依依不舍，眼中已经没有了其他船只，只有这一艘船，是一种极度不舍的表现。此外，这也是作者内心的感受，通过这一艘船表现出自己的极度孤单。这种孤单正是由于好朋友离去而造成的，这是一种借外部事物表现自己内心世界的典型手法，如果学生不能够正确理解，那么最终得出的答案将与实际的情况偏差较大。这种将感情寄托在事物之中的方式非常常见，也是一种常用的反衬方式。然而大部分学生并不能完全理解，一方面是由于知识积累的程度不够，最重要的还是生活经验不同而造成的。不同学生有不同看法是一种正常的现象，因此需要老师在进行古诗词授课的过程中，充分考虑到每个学生的特性，根据其不同的特点将这种传神的意思正确告知学生。为了能够让学生切实理解这种情况，可以列举生活之中的例子：当你的好朋友即将离去且很久不能相见，当他坐车离去之时，你还能够注意到旁边的车吗？更何况古人交通不方便，有些朋友可能一次离别一生都不能再次相见，这种内心不舍、孤寂的感受融合到一起，自然也就能够体会出作者当时的心境，再次诵读这首诗时，也就能够发现其中蕴含的丰富的情感。

4 教师素养水平不一产生的难点

在教学课堂之外，大部分教师并没有对诗词内容进行深入研究，其中最典型的表现就是教师只有在进行授课时才会与古诗词产生接触。从另一个角度讲，这些教师并没有在研究古诗词方面投入更多的时间。由此可知，真正将古诗词作为研究的内容，认真研读一些古诗词名著的教师更少，所以在教课过程之中只能依靠更加丰富的生活经验进行讲解。在对古诗词进行讲解时，也就涉及不到对于难点的深入研究，一部分教师甚至对于难点的区分都有一定的困难。经过研究发现，大部分教师在古诗词教学方面的问题不仅仅是缺少一定的文学素养，在授课完成之后的反思与提高方面也有待加强。教师在授课完成之后，应该对教学之中存在的疑问点进行深入研究，不断完善教学方法，强化现有的教学手段，这也是教师职业素养不断提升的重要路径之一。现阶段，教师已经逐步向专业化、深入化的方向发展，这也是教育事业发展到一定阶段的必由之路。古诗词教育中，如果教师的职业素养较低，不能满足学生的知识需求，就会限制学生未来的发展。不幸的是，现阶段确实存在一部分教师，将教师职业作为一项普通的工作。其平时工作水平不高，下课更不会也没有时间进入深入的研究。在新课标日益深化的今天，仍然有一部分教师我行我素，将古诗词教学只进行程式化的讲解。这种教学过程没有创新，课堂乏味，学生普遍兴致不高。古诗词作为我国传统文化的重要载体，在传播中华民族精神与理念方面有着非常关键的作用。然而在应试背景下，由于古诗词在考试中所占的比例不高，加之教师本身积极性不高，这就造成了教师教学积极性差、质量低。这种情况的存在，势必会造成古诗词教学之中的难点与重点甄别不清，导致学生存在一定的疑惑。这种教学模式给学生学习带来了困难。

二、核心素养视角下古诗词教学方法研究

（一）合理使用教材，大力拓展资料

采取科学的教材编排，可以有效提升教师的授课效率和学习质量。根据现阶段教材中存在的缺陷，对其进行有针对性的调整。从占比上分析，可以随着年级的增长而增长，在初三时对所学的所有古诗词进行整理与总结，因此从内容上可以适当减少。从初一到初三阶段，所有的语文课本结尾均有十首古诗词，而这些古诗词相较于正常课文之中的内容偏难。为了使学生快速了解这些古诗词所表达的内涵，可以采取增强课内故事与课外古诗词的联系程度，如选取同一作者的古诗词同时进行学习。在整体古诗词内容分布上，可以将古诗词所表达的意思与学生生活状态以及所在年龄的认知程度结合，避免出现与中学生认知不符的古诗词出现。对于体现不同思想的古诗词要进行合理解析，使得学生能够从多个角度体会诗人表达情感的内容与手段，让学生能够体会到古诗词之中独特的魅力。此外，在古诗词编排的同时，可以增加一些关于诗人的背景简介，使得学生能够深入了解诗人当时的生活状态以及环境，这对于更深入地了解古诗词之中的含义有着非常重要的作用，也能够有效提升古诗词学习的趣味性。

教材所表现的内容不能是单纯呈现性质的，需要具有一定的弹性。尤其是教材上一部分要求背诵的古诗词，有时候教师可能在讲解上不是很全面，要能够对教材上的内容进行探索，并对探索过程提供参考内容，以帮助在课后愿意深入研究课程的学生进行学习。这样能够有效地将课上的内容与课外的内容关联起来，有助于实现课外拓展能力的提升，帮助学生养成良好的学习习惯。教材内容的确定是一个涉及面广、周期长的过程，想要在短时间内解决教材中的问题并不现实。但是教材之中存在的一些缺陷，可以通过教师的一系列教学手段来进行缓解。在教学过程中，教师可以根据所教的古诗词内容进行搜索并找到相关的古诗词给予学生作为拓展资料。例如，可以学习优秀教师的精品课，观看其进行课程设计的理念与思路，进而优化教材之中的缺陷。此外，还可以使用一些较为科学的教辅书籍，通过其对教材的补充来完善教材内容的科学性。在新学期开始时，教师先对整学期要学的古诗词进行梳理，并有针对性地制定补充计划，对教材内容的排序进行调整，以保证学生的学习效率。

（二）采取各种活动形式，提升学生兴趣

由于古诗词距离现代时间比较久，且具有当时的文学特征，对比我们现在的语言文学习惯差距较大。要想深刻了解这些内容，对于生活经验相对不足的初中生来说很难掌握其文学意义。因此，教师必须积极培养学生学习古诗词的兴趣。例如，一开始教古诗词时，不能急于引进课文，要有针对性地采取措施让学生产生学习兴趣，以缩小学生之间的差距。此外，还可以组织学生参与有关的教学游戏，例如，让学生收集与古诗词相关的歌曲，使得学生自觉参与，还可以对比在古代的轶事或故事。这种古诗词的教学模式，有具体学习目标，有助于学生更好理解内容，有效扩大学生视野。兴趣是人类最好的老师。有兴趣，学习将更容易、更有效。培养学生古诗词兴趣一直是一个教学难题，备受教师们关注，因古诗词的内容晦涩难懂，因此古诗词学习难度较大。《义务教育初中语文课程标准》明确要求培养学生的自主学习能力和探索学习能力。因此，古诗词教学中的自主学习研究同样具有适应性。在最初的活动中，学生被分为不同的任务组，让学生在教师设计的活动指导下自主进行研究，这使得学生通过团队合作来完成任务。展示过程可以提高学生对学习的兴趣，并为学生提供表现自我的平台。例如，当教师进行任务分配时，可以由教师进行古诗词内容补充，并使用抽签的形式，让抽到相应古诗词的小组进行资料的整理，整理的内容包括作者的写作背景、古诗词之中表达的情感以及难点、重点关键字词。教师通过对古诗词搜集完整度进行点评，提升学生的参与荣誉度。这种形式的教学能够有效提升学生对于古诗词的兴趣，提高了学生的学习质量。

21世纪，我们进入了信息时代。各种多媒体和软件应用不断涌现，语文教师如果完全依照以往的教学方法，肯定难以激发学生的兴趣。教师可以使用多媒体等资源为学生创造情境，增加他们的学习兴趣，并增加实践的机会。例如，在研究"大漠孤烟直，长河落日圆"时，单纯依靠教师的解释，不会给学生留下深刻的印象。对于这些学生，抽象情景描述不易理解，无法体会沙漠的雄伟壮丽。学生体会不到这是一个很凄凉的场景，最终的结果是学生没有任何感情色彩、生硬地背诵它，很难认识到他们的真正内涵。使用多媒体可以展示类似的视频和图片，通过直观的视觉和听觉，使学生加深理解。需要使用多媒体应用技术时要做到声情并茂、内容切文，在此基础上引导学生一起观看，进而真正地体会到古诗词的韵味。

（三）多总结多思考，突破难点重点

1.抓住句中关键词即"诗眼"点化主题内涵

表达形式必须要突出想表达的内容。一般文章中都有关键字词，而古诗词同样具备这一特性。古诗词的关键字往往在文中为点睛之笔，通过一字、一词、一句能够将古诗词的主旨进行升华，使得古诗词对账、工整，这也是文章的精华所在。如《渡荆门送别》中，"山随平野尽，江入大荒流"就是典型的例子，该句为文章的点睛之句。一个"随"字将原本固定不动的山川动态化，使得原本静态的抽象画面变得生动形象，勾勒出了一幅广阔的场景。"尽"表现出了诗人在极目之后的心情愉悦。此外，"入"字将山野大河的磅礴气势全部展现出来，体现了诗人无尽的胸怀。通过这几个关键字，就能够将整首诗展示出来。又如"大漠孤烟直，长河落日圆"，同样为全诗的点睛之笔，"直"字着重体现了大漠之中荒无人烟以及作者坚挺的心态。而"圆"字则表现出了诗人当时孤寂的内心，尤其是在落日时，天边没有任何山川，一片荒芜，体现出了大漠的壮阔。这两个字可以称为全诗的诗眼，完整体现出自然风光的壮丽以及作者的孤独与寂寞。

在大多数情况下，从词性上分析，诗眼应该为形容词或者动词，这两种词语有着强大的表现张力，能够将场景刻画的更加深入。如"红杏枝头春意闹"，单独一个"闹"字，整首诗的情感就凸显出来。又如"云破月来花弄影"，一个拟人化的"弄"字，支撑起了整个意境。无论是"闹"字还是"弄"字，都是通过简单的表现手法，使人的情感以及事物的实际状态完整展示出来，将抽象的文字叙述画面化。《次北固山下》中，"海日生残夜，江春入旧年"是全

诗的诗眼，在教学时，教师可以让学生根据自己的理解将这两句诗画出来。当海上缓缓地升起太阳时，整个春天的气息已经无法掩盖，就连江边都生机勃勃。"生""入"两个字都能够体现出生机勃勃的状态，深化诗词的画面感，实现了变静为动。诗眼是整首诗的核心部分，一切内容均是围绕诗眼展开，因此在教学过程中针对其进行教学，相较于整篇无重点的通讲，效果更加明显。在对古诗词赏析时，不必要求内容全部讲解到位，而是找到诗眼所在，这也是学生能够展开丰富想象的关键因素。

2. 采用意象分析法，诠释意象内涵

意向是指一些现实事物在诗人思想情感的影响下构建出的一种艺术形象。换言之，诗人将自己的情感寄托在事物之中，通过诗句的描写将其表达出来。所谓的意象分析法就是一种逆向分析法，主要是通过对现有意象的解剖，找出其中蕴含的情感，再通过这些情感对其他意象进行分析，这样就能够更好地掌握作者的主要思想观点以及古诗所要表达的真正含义。因此在实际应用此方法时，要按照以下步骤来进行。首先，先了解意象，明确古诗词中的意象对于古诗词的作用。然后通过一般分析的方法对古诗词之中的意象进行研究，并针对作者的情感进行有效评价。简单说，就是先找出文章之中营造的具体的意象，然后找出这些意象一般情况下所代表的含义，通过这些含义进行深入研究，找出最终作者所要表达的真正情感。

在寻找意象的过程中，需要同时把握宏观与微观，保证从宏观上能够找出大的框架，也能够从细节之中体会作者的情感，进而得出古诗词之中的内涵。此外，还需要灵活使用一些鉴赏技巧，比如，营造意象时采用多个意象并列的形式、不同意象之间的融合方式、多个意象围绕同一个中心的展示方式、意象动态变化表现方式等内容。意象分析一般可以分为表面以及内涵两个部分。由于不同的意象所代表的的内容不同，所以要注意对于意象所表达的含义的内容的梳理，应根据不同意象在某些场景之中的应用以及其表达的含义进行整理。梳理过程中有两种方式，首先是相同意象不同内涵的搜集。如杜鹃在"杜鹃啼血猿哀鸣"中表示忧愁，在"杜宇一声春晓"中表示欢快与希望。其次要将同一种情感的不同意象找出来，如同样是表示离愁，有杨柳（"昔我往矣，杨柳依依"），有东流水（"请君试问东流水，别意与之谁短长"）等。此类诗句相对较多，古代人习惯使用谐音代表想要表达的情绪，而留与柳同音，因此许多离别有关的古诗词都会借用柳来表达自己的情感。古人离别时会折下柳枝送给故人，这样表达其对朋友的留恋之情。在对初中生的古诗词教学中，其对于诗词的鉴赏能力非常重要，而这也是学生学习的难点，由于言语习惯与生活环境的影响，学生学习起来会有一定的障碍，再加之部分教师本身素质较低，学生兴致低落，会更加影响学习效果。因此，教师在教学过程中要注意经常出现的问题，并定期进行总结，找出自己的缺陷，只有这样才能够更好地攻克教学难点。

3.培养初中生的古诗词个性化阅读能力

为了充分体现我国古诗词的多元化人文价值，完善古诗词的个性化阅读教育，可以从以下几个方面入手。

（1）将古诗词个性化阅读置于三维目标之下。三维目标的含义是指教师在教学之中应该实现的处于三个维度上的目标，其主要包括知识和技巧、过程和策略、价值取向。此三维目标并不是完全互相独立的，其是建立在同一个教学目标之下、相互关联紧密的三个主题。三维目标是进行教学的基本知识，也是能够将古诗词课程发挥最大效果的关键因素。三维目标的主要内容为在进行古诗词教学之中，着重讲解古诗词的学习过程，将其学习探索的方法代入课堂之中，培养学生的正常价值取向，以期能够全面提升学生的语文学科核心素养。换言之，古诗词的鉴赏能力、价值取向、情操的陶冶都是在进行古诗词学习过程之中获取的。由此可知，古诗词的学习必须以教材为基本的参考，结合学生的身心发展特征进行三维目标的确定。其中要着重于知识技巧与价值取向两个方面，切实做到学生的思想道德水平的提升和技能的获取能够同步进行，将教学目标与维度目标进行有机统一，实现在教学过程中两者共同渗入。只有这样，才能够有效培养学生的知识水平、完善其价值取向，帮助学生树立积极向上的生活态度。

（2）教师要给予学生有针对性的个性化阅读与自由式阅读。古诗词的个性化阅读与自由式阅读在形式上有相似之处，但是本质上两者差异较大。个性化阅读是指学生有针对性地进行阅读，旨在根据其自身特征提升学生的学习水平，而松散的自由式阅读是指没有明确的学习目标，近乎浏览的盲目观阅。每个学生都是独特的个体，其具有不同的学习习惯以及性格特征，因此教师必须要对其进行指导，保证每个学生都能够找到属于自己的学习方式。在教学过程中，要以教学目标为基本参考，充分结合学生的身心发展水平，同时要尊重语言的学习规律，结合这些内容再对学生进行阅读指导。同时，教师要在课后多研究与教材相关的古诗词，将研究过程中产生的各种感悟都记录下来，通过提问或者补充的形式，将这些内容巧妙地传输给学生，并巧妙地引导学生参照自己的学习特性去进行探索，让学生能够体会到个性化教学带来的成就与快乐。例如，在进行《过故人庄》的教学过程中，为了使得学生能够更好地体会出其中所要传递的情感，可以通过区分节拍的形式进行语句划分。如"绿树 / 村边 / 合，青山 / 郭外 / 斜"，通过这种节拍的划分可以让学生更好地理解，第一个节拍将诗人所看到的事物展示出来，而第二个节拍是表示景物的实际位置，第三个节拍则表示了动作。这样学生能够很快地掌握其中所要传递的意思。然而，在教学过程中不能将书本答案作为唯一的答案，而是鼓励学生发挥自己的个性化想象力，不能一味地尊崇答案、将学生的思路不断引向正确答案或者直接强制性灌输正确答案。

（3）古诗词个性化阅读不可无视共性。《全日制义务教育语文课程标准》指出，读书是阅读练习，是学生的个体行为，而不是教师的知识传递过程。个性化阅读强调对学生本体的尊重，认同学生阅读个性化的理念，许多教师过多地强调"独一无二"的"个性"，盲目追求"个性"，大搞"平等对话""尊重差异"的教学模式，但这并不是真正意义上的因材施教。个性化阅读中也有非常明显的通用性，其中主要包括两个部分。其一为古诗词本体所要传达的正确的认识观、价值观的内容。其二为初中语文教材作为众多学生的学习基本参考，具有诸多的典型意义特征，如在教学过程中的知识安排合理性、科学性、传达思想的深入性等内容。单纯从古诗词的文章选择上来说，虽然任何一首的主要修辞手法、表现形式均有所不同，然而其在表达思想、文化核心、情感审美等方面均具有一定的统一性。此外，初中生正处于生理和心理的发展阶段。一方面，他们自我发展的价值观、人生观和自我意识非常不稳定，认知与价值取向仍然在形成过程中。另一方面，初中学生的身心发展正在成熟，逐渐开始独立思考自我意识和感知的经验。为了优化多数学生的共性部分，需要充分整合古诗词课程，以达到在课堂上的教学目标，要科学地分析共同性和个性差异，减少教师与学生之间的知识传递过程中的矛盾，最终让古诗词个性化教学能够切实有效实行。

（4）注重学生问题意识的培养。问题意识指当面对事实情况不清晰或者知识内容理解模糊的时候，能够进行深入的质疑和探索的能力。学生学习之中的问题意识指学生在面对某个有价值的问题时所产生的进行思考、联想的能力。学生进行学习的最初驱动力就是质疑，对某个知识点或者事物产生了疑问。因此教师在教学过程中，要善于引导学生去大胆质疑，培养其问题意识，一旦发现存在疑惑的地方及时地提出来，通过问题意识来促进学习兴趣的提升和对问题理解的深度。问题意识是一个需要长期积累而来的意识，在短时间内无法具备问题意识，只能在日常教学之中逐步地向学生渗透。鉴赏古诗词本身需要具备多种能力，而每个学生都有着不同的思想，因此在实际教学过程中，不同学生对于古诗词的理解差异非常大。因此，只有学生具备问题意识，一旦发现学习中的不明白或者疑问的地方，及时地提出，这样才能逐步完善学习体系，减少知识盲点。问题意识与个性化教学密不可分、相辅相成。为了提升学生的学习水平，教师还需要针对学生的不同特性，以学生的诗词鉴赏能力、感悟能力、表现手法为核心，将学生问题意识的培养作为其中关键的内容进行全程覆盖。

4. 让诗人本体回归古诗词教学

回归诗人本体是指在教学过程中需要从诗人当时所处的环境、心情出发，让学生设身处地地去思考作者在写作该诗时想要表达的真实情感，并体会古诗词写作时的技巧与手法。作者在古诗词创作时往往是由心情出发，想要真正地理解诗句之中的含义，就需要充分了解作者。现阶段的教学中，许多教师开始重视学生对于诗人身份背景的知识储备，尤其是对一些出现率比较高的诗人的身份背景进行补充。这也是为了应对古诗词之中丰富的思想内容和鲜明的时代特征，只有了解其生活的年代和诗人的品性才能够真正地把握古诗词所要传达的基本思想，学生才能够真正地融入古诗词教学中去，也会体会到古诗词的乐趣。

（1）结合诗人创作个性来解读。歌德说："谁想理解诗人，就应该去诗人的国度。"这里的"诗人的国度"是指诗人本身的性格以及处世观念。诗人有着强烈的表达欲望，其表达思想不同，风格也迥异。因此古诗词本身有着非常明显的个性，这种个性就是诗人写作时的思想表达、手段的呈现等。在进行古诗词鉴赏时，要充分抓住这种特性。李白作诗放荡不羁、自由奔放，而杜甫的诗沉郁内敛，李贺的诗则幽僻感伤。此外，同样是唐代的田园派诗人，王摩诘追求的是独善其身，因此写出了"独坐幽篁里"这样的诗句，而孟襄阳则希望能够入仕为官，因此写出了回味无穷的"欲济无舟楫"。在进行诗词鉴赏时，跟随着诗人不同的创作个性，即便是不同的意象、不同的类型也同样能够快速地掌握诗人所要表达的含义。

（2）结合诗人生活环境来解读。诗词是一种具有强烈感情色彩的文体，是感情活动的一种表现形式。在朋友相聚时，诗词能够表达高兴的心情，如"呦呦鹿鸣，食野之苹，我有嘉宾，鼓瑟吹笙"。在好友离别时，双方依依不舍，诗词也能表现出忧伤，如"执手相看泪眼，竟无语凝噎"。诗词并不是一个抽象的混乱组合，而是一个具体的思想的融合体，通过简短、规范的问题体现出了作者的思想波动。当诗人面对同一事物时，如果诗人的心境有所不同，那么写出来的诗词想要表达的内容也会有着较大的差异。无论是在学习古诗词还是在教学过程中，都要通过语言的外表，找到作者想要表达的真实情感。诗人所处的生活状态是诗人进行创造的参照，这种创造既源于生活也高于生活。诗人的处境不仅包括了时代的大背景，也包括了诗人个人命运的变化，因此诗人在创作时，无论从使用的景物还是从抒发情感上来说，都具有鲜明的时代与个人色彩。例如，苏东坡曾经在多地为官，一生漂泊，其古诗词之中蕴含的曲折较多。在学习苏东坡的古诗词时，教师要对学生进行苏东坡生平的补充，引导学生从诗人处境来进行考虑作者的创作目的。一代奸雄曹操，一生纵横天下，虽然诗作并不多，但是豪情万丈。在官渡之战后写出了《观沧海》，将英雄的广阔胸襟以及英雄相惜的感情表达得淋漓尽致。他在定都许昌之后，写出了《龟虽寿》，让人看到了一个英雄纵老仍拼搏的悲壮。如果学生对曹操的生平不了解，那么就难以体会曹操当时的心情和其抒发的情感。因此，在学习古诗词时应该具有一定的文学历史的知识储备，只有让学生充分地了解诗人的背景，才能够从诗人的角度考虑诗人当时的情怀，进而使得学生的古诗词鉴赏能力到达一个新的水平。

5. 让古诗词鉴赏者本体回归教学

著名教育家钱穆在评论古诗词学习时曾表示，我们读古诗词的目的并不是为了有那么高的文学造诣去创作，也不是要成为一个文学家，只是想要从古诗词之中体会到一个我们难以抵达其高度的文人的思想境界。教师在对学生进行教育过程中未尝不是如此，也是为了让学生接触到合乎自己人生，能够高于现有生活的思想表述。这就需要学生具备一定的鉴赏能力，能够独立地进行鉴赏。教师在教学过程中，需要学生发散自我思维。在情感的表达基础上，引导学生研究古诗词内容。将古诗词鉴赏的过程归还于学生，让学生自己去探索、理解这其中蕴含的思想，重新对古诗词之中所存在的意象进行理解，自己主动地构建一个自己能够深刻理解的意象。在传统古诗词教学中，教师将更多的教学时间放在了逐字逐句的文法分析之上，忽略了文章之中传达的准确含义，使得学生也产生了为了考试而研究古诗词的错误思想。这已经偏离了古诗词的教学目标，文言字句固然重要，但是更重要的是文章之中传达出来的思想内涵。有学者认为，没有读者也就没有了文学。这种看法固然有所偏颇，但是也从侧面说明了鉴赏者才是文学作品之中最重要的部分。

参照新课标中关于阅读的规定可知，阅读应该是学生主动的自发行为，而不是教师代替学生进行阅读，然后有针对性地告知学生。因此，在古诗词教学过程中需要注意学生的主体性，一切阅读活动都应该以学生本身为主。教师需要不断地鼓励学生进行探索性的阅读，不断强化自己的主动学习能力。此外，新课标也指出了合作、自主的新学习方式，旨在将课堂归还于学生。教师应该是指导性质，不能由教师进行强制性归纳，然后给学生灌输。应该让学生真正地亲自感知古诗词之中的内涵。学生需要强化自身问题意识，善于找出已知知识与未知知识之间的关联性。对于一些较难的问题，要以学生的主动研究为主，教师只是在方向上进行把握。此外，还需要增加师生之间的互动，学生之间也需要合作，这样才能使得学生切实实现独立思考。

（四）加强教师修养，提升教学能力

教师是影响学生的重要因素，尤其在学习过程中，不仅仅是影响学习成绩，也会对学生的兴趣造成一定的影响。因此，教师文学素养的水平、对古诗词的爱好程度也非常重要。换句话说，大多数语文教师的能力在古代文学方面都有所欠缺，特别是在一些古诗词方面，因此无法给学生更多合理的建议。这样的教师如何用古诗词教学生？教师的专业素养也有很多不足，教师的自我提高修养已经成了当务之急。

1. 通过教师自我情感升华，激发学生学习兴趣

在思想上，教师应深入了解我国的传统精神，了解古诗词对于民族文化的传承作用，对于提高学生文学修养的重大意义。古诗词并不是生活与学习的包袱，在遇到困难之后就随意丢弃。教师要能够做到热爱古诗词，将自己作为榜样和引导者，让更多的学生喜欢古诗词、热爱古诗词。一般教学过程中，只要教师热情洋溢、精神饱满，学生的学习情绪也会随之高涨，这种情绪上的感染对于学生在课堂之中的效率意义非常重大，也容易使得学生真正地喜欢上古诗词。在讲课过程中将传统文化充分融合，将其作为授课的内容，使得古诗词教学课堂变得饱满丰富。这种课堂一定能够给学生带来深刻的印象。教师为了引导学生能够深入了解古诗词文化内涵，在每次进行古诗词教授之前，应该当着学生的面进行饱含深情的背诵，这样不仅给学生树立了背诵课文的榜样，也帮助教师在备课过程中对文章中所表达的内容有一个更加深入的了解。这样在进行教学时就能够更好地抓住文章重点与难点，有针对性地进行讲解，降低难度。作为一名合格的初中语文教师，应该对我国传统文化瑰宝——古诗词，有着非常深沉的热爱，能够发自内心地喜欢它，并不断深入研究，进而用这种情绪感染学生，强化学生对古诗词的热爱。

2. 教师自身不断学习积淀，化难为易

教师应在实际的学习中逐渐培养起认真、踏实的教学理念。因此教师必须认认真真地学习有关知识，不断丰富自己的知识储备，培养自己的文学修养，提升对古诗词的品鉴水平。平时应该抽出更多的时间，对于文学作品多读、多写、多看，对于一些已经在教学之中讲过的内容，要及时进行消化，并对这些内容进行深入品析。在教学过程之中遇到的难点，应该以知识体系的形式进行梳理，对于一些难以解决的问题，要及时广泛查阅资料，力求解决每一个教学难点。例如，在《过零丁洋》教学之中，全诗最重要的"人生自古谁无死，留取丹心照汗青"一句，表明了作者为了国家捐躯的伟大决心，体现了其高尚的民族气节，因此这首诗被人们广泛流传。然而，长期处于和平时期的学生很难理解这种不畏牺牲的高尚品格，因此教师必须对学生进行适当引导，通过采取问题布置的形式让学生主动研究作者的生平事迹以及时代背景，强化学生的学习能力。在搜集这些资料解决问题的过程中，自然会逐渐形成独特的文学积淀，从性格、价值观等方面都受到影响，在上课时学生逐渐变得自信，可以对内容旁征博引、激情飞扬。一个教师想要真正地做好古诗词教学，不能仅限于对教材及辅助书的知识掌握，还需要了解一些美学方面的书籍，提升自己的审美水平。部分教师虽然在一开始时不能完全掌握教学技巧，但是随着其研究与学习的不断深入，其教学能力会得到有效提升。此外，还需要充分利用现代化的技术来提升自身的水平，尤其是在信息化发展迅猛的今天，各种先进的教学手段层出不穷，一些先进的教学理念也不断被提出来，这就需要教师与时俱进，不断提升自我水平，最终实现教育现代化。

苏霍姆林斯基曾指出，语文教师如果一年没有读 5 ～ 6 本书，几年之后，他就不再是一个好教师。我国在中小学生培养方面主要是丰富文化形式、搭建适合平台为准。可以通过邀请专家授课的形式，对这些内容进行鉴赏，加深对古诗词的认识。与此同时，学校在进行教研活动时，可以采取优秀教师公开课、诗词比赛等方式。这些都会在一定程度上强化教师对古诗词的热爱程度，进而加深其对古诗词的理解，使其能够更加透彻地理解古诗词之中的意义。通过这种形式，实现了古诗词的内涵增长以及外部表现形式，进而提升教师的古诗词教学的水平。

3. 转变评价导向，提升评价有效性

（1）以转变评价方式为导向。《全日制义务教育语文课程标准（实验稿）》指出：语文课程评价是为了能够有效提升学生的学习效率，优化教师的教学策略。在对学习效果的评价之中，需要能够准确映射学生的实际学习状态以及学习质量，进而实现语文教学的主要目标。这就需要将语文课程的多种评价功能进行综合运用，选取最科学的评价方式，重视评价之中的动态化和多元化，体现出语文教学过程中的整体性。还需要根据学生的不同年龄段，设定好具有一定的适应性的教学目标，进而抓住重点，通过各种教学手段，提升评价的针对性与有效性。语文评价之中应该淡化选拔与筛选过程，将评价的诊断与优化功能进一步加深。高质的评价方式不仅能够提升课堂教学质量水平，还能够改善教师的专业性，提高学校的教研水平，进而优化学生对于古诗词的理解程度。因此，在古诗词教学中，是否能够切实促进学生学习水平与教师教学质量，评价起到了不可忽视的作用。

（2）评价主体多元化。有效的课堂评价可以激励教师提高教学质量和学生成绩。因此，教师应在古诗词的日常课程中采用相应的评价方法，以帮助他们体验古诗词学习的喜悦、进步和收获。传统古诗词教学过程中，语文教师对学生进行评价具有唯一性，学生对古诗词的理解判断和评论均由教师进行。但是，教育不仅限于社交活动，因此对学生的学习评价，教师不能单纯依靠自己的直观判断。新课标指出，教师可以通过对学生评价，同时结合其他评价措施来实现评价的最大作用，如古诗词教育评价、学生自我评价、同学评价，方便学生在课堂上的参与并做出准确的评价结果。例如，在学习《木兰辞》时，教师可以在课前对文本进行预先排序，遵循学生自愿原则选择一名主讲人，然后其他学生将自己的疑问以问题的形式提出来。经过详细解释，请指导学生总结自我课堂表现，其他学生将评价其表现，教师只是在特殊情况下进行指导。这种古诗词教育评价模式，学生也会乐于参与其中，这样也能够让学生对古诗词有着深刻的理解。

（3）评价方式灵活化。我国教育的评价应该遵循现代汉语教育的特点，古诗词的研究从浅层到深层逐步推进。在这个过程中，学习成果的质量必须通过合理和系统的评价方法来判断，只有在使用和组合各种评价方法时，才更加符合教学规则。

①口头评价与书面评价。古诗词教育中口头评价是最常用的评价方法，用于课堂教学和学习即时性评价，一般在交流中有便利功能。在古诗词的教学中，口头评价是最直接有效的方法，也是最常用的方法。例如，对古诗词风格、思想内容和评价的情感倾向，鼓励学生有自己的看法，与学生交流观点和意见，语文教师的口头评测是最有效的。然而，语言评价的缺点在于仅限的口头评价，其有单一、低效的缺点，所以教师试图避免这种教学模式。书面评价通常

以书面形式出现，如作业、考试成绩。书面评价具有长期的自然优势，比口头评价更深刻，更可能会引起学生的兴趣和期望。书面评价具有严肃可靠的特征，因此教师应该更多地关注这种方式的使用。因此，古诗词教育静态评价中最好的就是书面评价。在实际教学之中要注意评价的全面性，一般评价分为阅读阶段、理解阶段、效果阶段三个部分。古诗词的教学评价标准并不统一，需要结合不同学生的不同情况进行评价。最好使用"一正""一反""一合"相结合的方式，发现学生的优点，也指出其存在的缺陷，并指出如何进行优化以及采取的策略与方式。

②课堂评价与课外评价。课堂评价提供即时反馈，帮助学生在最短的时间内解决问题，但课堂时间有限，课堂评价的深度和丰富程度不高。因此课堂评价应特别注意及时性，避免过度进展或延误。在课堂教学的情况下，部分教师会认为给予评价和无评价没有差别，并且接受与不接受没区别，不会产生教育激励。因为课外评价是最有效的知识补充。然而课后已经过了学生的学习时效性，学生可能会觉得他们的问题被忽略了或者回答没有被重视和尊重。人的观点以及如何解决问题思路会随着时间的推移而发生变化，对古诗词的理解也是如此。例如，随着时代的发展，诗人作品的诠释将因时代而异。对于在短时间内无法解决的问题，可以使用课外时间进行深入探索。如果在古诗词教育评价体系中进行课外评价，那么古诗词教学就会收获更多。

③形成性评价与发展性评价。与其他评价方法相比，形成性评价主要是在学习过程中，帮助及时暴露问题，产生及时反馈，以提高及时教导和学习活动的优势。形成性评价应加强积累相关材料应用于对学生古诗词理解能力提升的发展。如利用古诗词学习书籍和论文的搜集，学生可以根据自己的实际情况从教师处选择合适的学习资料，以提升自己的学习水平。教师定期与家长沟通，更容易对学生产生客观评价。客观评价作用是发现教师教学之中的优势和劣势，通过课堂教学、辩论、思考、沟通，为教师提供进步机会，最终提升被评教师的授课水平，并为制定教师发展的目标和对策提供基础。

（4）评价结果开放化。"横看成岭侧成峰，远近高低各不同。"由于观察者处于不同的角度，因此看到的内容不同。在教学上是指，由于不同人的生长环境、价值观与认知不同，所以即便是同一首诗，不同人也有着不同的认识。捷克著名教育学家夸美纽斯曾有句教育名言："教师的嘴，是一条能涌出知识的溪流。"这充分说明了教师的评价对于学生的重要性。有些古诗词的鉴赏结果会存在差异，教师不能因为自己的看法而否定其他学生的观点，要充分肯定学生的看法，并帮助学生完善自己的想法，通过这种形式来鼓励学生发表自己的看法，也保留古诗词鉴赏的多样性。古诗词的评价基本目的是为了能够保证学生的古诗词方面的学习能够有序、高效进行。因此，评价过程应该关注学生的真实心态，从知识和技巧两方面进行研究，确定能够符合初中生的多元化的评价方式，进而提升初中生的语文综合核心素养，为日后的学习打下坚实的基础。

第四节　名著阅读教学重点策略

名著阅读是初中生必须进行的一项学习过程，在课本中也有名著导读来使学生提升对其的兴趣。名著阅读教学需要同时注意名著阅读的内容和阅读的方法，在了解学生阅读心理之后，适当调整教学形式，以期能够提升名著阅读教学的最终水平。

一、核心素养视角下初中名著阅读心理与教学差异分析

（一）初中阅读心理研究

阅读是一项非常重要且复杂的活动。阅读是从书面来源获取信息并影响读者的非认知元素的过程。"非智能因素主要包括学习动机，兴趣，意志，情绪，人格特质，学习态度和学习策略。"阅读在其活动中具有非常复杂的心理成分，就像其他人类活动一样。

1. 初中生名著阅读心理障碍的表现

所谓的心理障碍是指在特定情况下或在某个特定时间由不良刺激引起的心理障碍，在正常的心理活动中，它是暂时的异常状态。

（1）盲目性。在中学阶段，学生还没有完全成熟，他们有着很强的好奇心，并且自我意识开始加强。面对各种各样的书籍，学生缺乏识别和选择高质量书籍的能力。如果没有适当指导，学生就只会盲目跟风。有些学生不能辨别书籍的好坏，同学向其推荐什么书籍都照单全收，没有一定的判断能力，这就导致大量学生因为阅读书籍不当而不能有效提高其自身的阅读水平。由于年龄限制，学生的主动思考能力较差，辨别是非的能力有限，学生很容易被一些网上出售的诸如漫画、网络小说、时尚杂志所吸引，对文学著作不闻不问。这导致一些学生认为他们已经阅读了很多辅导书籍，但实际上他们正在阅读那些无助于健康成长和精神发展的书籍。这些不利于提高阅读水平的书籍会对学生日后的学习有所阻碍。盲目选择内容肤浅的书籍进行阅读不仅会浪费宝贵的阅读时间，

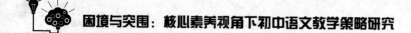

而且还会失去阅读质量。

（2）焦虑性。为了应对考试中的名著阅读题目，学生们开始阅读经典著作。然而，在应试教育压力的情况下，学生将专注于分析教材中摘录的部分并深入阅读，直到他们对其中的每个句子或词语有了一定的理解才算。但是，这种类型的考试不只是考试摘录的一部分，因此在大多数名著考题中只单单看标题的意思进行题目作答是不行的，标题的理解不能涵盖全文内容的理解。具有较强语文分析能力的学生阅读这些名著书籍会因为阅读文学作品的字词句用法进行细致的研究，而无法有效地学习其中的主要思想。根本原因通常是阅读方式不对，所以错误的阅读是没有任何效果的，基于此，学生极易产生因为阅读不当而造成焦虑的情况。进一步研究当前的情况，升学竞争依然激烈，家长和教师正在一步一步地互相推动这一发展，因此，学生焦虑在阅读和考试中都是不可避免的。此外，由于名著阅读越来越受到重视，更加重了学生焦躁的心理状态。

2. 初中生名著阅读心理障碍的成因分析

（1）学校因素。学校使用考试的内容来制定教学的大方向，教师也专注于考试内容来建立一个学习计划。例如，部分初中非常重视文学名著知识，明确表示学生需要对名著中的情节进行了解，并且对其文学知识进行考察。基于此，教师对学生的教学也就有了变化，以往传统的文学名著解读课堂演变成针对考试内容的讲解，教师课上只注重与内容相关的知识传授，忽略了对学生文学素养的培养。原本的名著赏析变成了考试知识模拟练习，学生不再对名著进行阅读反而对其中易于出现的考点多加关注，一味单纯背诵，这使得教学模式变得死板，课堂变得枯燥无味。这样做的最终结果就是出现了学生除了提问和回答之外，不仅不想再去阅读文学著作反而可能开始抵触对名著的学习。在阅读考试中，学生的焦虑是不可避免的。因此，开展阅读评价研究，建立合理科学的阅读评价体系非常重要。

（2）家庭因素。父母是孩子的第一位教师，也是陪孩子们度过最长时间的教师。父母在家里是否看书或是是否喜爱读书都会影响到孩子。家长应为自己的孩子提供适当的阅读环境，并为孩子树立一个热爱文学的好榜样，这在孩子的生活中发挥重要作用。根据调查，有阅读名著习惯的家庭，学生对阅读和文学著作更感兴趣。父母具有一定的文化知识，能够适当地阅读和指导他们，这样的家庭中的儿童阅读能力很强。然而，许多家庭并没有营造良好的阅读氛围，只是一味将孩子交由学校教师，并认为其有责任教导孩子学习。有些家长看不到学生从实际的角度阅读辅导书籍得好处，他们认为学校除非能够应对考试，对考试以外的内容的学习是没有必要的，学生的学习作业已经非常繁重，所以不应该在阅读名著上浪费时间。家长的误解使学生无法在阅读中获得支持和指导，使得学生的阅读心理产生了阻碍。

（3）社会因素。社会阅读现象仍然不容乐观。现代信息的快速发展使人们的思维越来越敏感，读者的数量越来越少。每年都有一系列的阅读活动，但能积极参加阅读活动的人数仍然很少。虽然我们周围的图书馆越来越开放，但进入的人数相较于以往人数并没有增加更多。甚至，在某些假期期间图书馆鲜有读者。另一方面，阅读书籍的人数正在减少，购买书籍的人数自然会更少。虽然现阶段书店之中有许多读者看书，但书店的实际阅读面积逐渐缩小，原本可以供读者阅读的地方被各种电子产品取代。微信和微博等网络通信工具营造出一种浮躁的阅读氛围。社会环境中缺乏一些有利于读书的氛围，这都对学生良好阅读习惯的养成有着一定的负面影响。

3. 推动初中生名著阅读的心理机制分析

中学生的心理特征之一是他们对知识的渴望，对文学著作产生一定的联想和好奇心，这也是学习的重要时刻。在学生阶段保持这一状态是很有必要的，学生在这一阶段应该改变自身的学习观念，由以往的受教师催促和指导的被动学习变成积极主动的自主学习，这一转变实现了学生的学习动机的增强。"学习动机是个体发动或维持其学习活动的内部动力。"学习动机强烈的人们通常会主动控制自己的言行，把想学习当作最为主要的事情，用行动来满足自己对知识的渴望。有些人认为动机是学习过程的核心，其最重要的职责是培养教师和学生在准确合理的准则下对知识进行传授和接收，教师制定相关计划用以帮助学生以培训的形式加强学习，使学生感到学习的快乐和对其自身成就的骄傲与自豪。外部驱动因素可能有助于形成内部驱动因素。例如，学习《格列佛游记》这部经典名著时，教师设置了多个环节来开展对本节内容的学习，激发学生的阅读兴趣。并通过奖励机制提起了学生对经典著作的阅读激情和阅读兴趣。这使学生从阅读到理解都充满激情与动力，在心理和行为上都取得了长足的进步。

（二）初中名著阅读与其他教学内容差异性研究

名著阅读教学的主要内容是在教师的引导作用下，对于学生所阅读的名著进行有深度的指导性教学。名著阅读不是让学生漫无目的地对一些国内外著作进行宽泛式阅读。虽然学生阅读过程中能够获得一定的文学积累，但是这个过程之中什么样的名著适合初中生进行阅读、符合其心理发展需求，这些都需要教师在进行授课之前深入研究，以期能够实现最终的高效率阅读，最终提升学

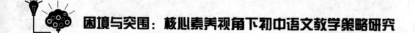

生在阅读之中获取的知识。因此，有逻辑、有针对性、有步骤的教学非常重要，只有这样才能够将名著的价值充分发挥出来。

1. 对名著之中价值的合理取舍

语文是一门兼具了语言技巧知识与人文素养知识的学科，部分名著并不能同时都满足两者的需求，而是只满足其中一者。教师对于名著需要有着准确的定位，由于文章在创作完成之后，能够进行学习的部分远远超过了其最初想要表达的内容，这也是名著的衍生价值。这种衍生价值，也具有非常重要的学习意义，对于学生的发展有着一定的促进作用。例如，《骆驼祥子》中的选段"在烈日和暴雨下"，如果从整篇角度来分析，就需要对整篇名著进行分析，找出骆驼祥子的悲剧人生，对当时的社会情况有着一定的了解，这个目的是作者想要传达的真正内容。然而，如果就该选段本身而言，也可以作为一个较好的范例，其中对于周围环境以及骆驼祥子本身的刻画非常深刻，有助于学生学习在表达过程之中的技巧，对于学生的写作有着非常重要的作用。特别是文章之中的天气变化，可以让学生联系其他有关天气变化来衬托氛围的名著，体会作者这样写的目的。对名著的同一部分进行不同角度的解读，对于学生最终理解内容有着非常关键的意义，可以从宏观了解作者想要表达的架构，也可以从微观体会出作者在语言运用、思想运用方面的高超手段。

2. 最终结果不一致性

语文名著阅读与其他内容教学差异最大的地方就在于最终结果的不一致性。对于一些写作或者文言文或者古诗词教学，最终的教学效果的评价与分析有着明确的表现。但是名著阅读则不同，名著阅读最终依靠对内容的领悟，是学生最终开放式学习的结果。与此同时，在名著阅读的最终结果之中，在词语、句子的用法上有着一定的规范，但是在对于领悟方面并没有正确与错误之分。要注重培养学生对于名著的不同理解，也要尊重学生的最终的感悟，不要刻意用所谓的主流思想进行限制。

在《西游记》中，有的学生阅读完以后体会到的是孙悟空不畏强权的反抗精神，认为其跟随唐僧之后具有一定的约束，但是最终还是得到了真正的自由，即遵守规则的自由。也有学生认为猪八戒是一个特别重感情的人，一开始取经也是不得已而为之的，他最喜欢的是高慧兰，在高慧兰被恶霸抢走时他路见不平，拔刀相助，在露出原型之后也并没有对高慧兰和她父母采取什么特别过激的行为。也有人认为唐僧是一个合格的团队领导，虽然在降妖除魔方面几乎任人宰割，而且极容易被人蛊惑，但是他执着于目标，有着万死不辞的前进欲望，他是团队的精神领袖，一旦他真的被妖怪杀掉，那么西天取经的重任就没有人继续下去了。

不同人对于同一个名著的体会不同，是学生思维多元化发展的重要表现，这与初中语文名著阅读之中的核心素养是相契合的。思维的开放性、尊重每一种意见、提倡有自己的思维，这些都有利于学生能够更好地提高初中语文的核心素养。此外，对于名著阅读之中需要注意格局的转变，需要能够从大的方面去判断某一种思想的正确性，也要能够在细节上思索句式用法的合理性。

二、核心素养视角下初中名著阅读教学方法研究

在厘清教学的差异性以及学生的心理特性之后，结合教学的最终目标，制定具有可操作性的教学方法。在制定教学方式时，需要以文章内容和表现形式两种模式为教学主要内容，实现思想层面与技巧层面的教学，使得学生能够真正地通过名著获得有关知识。

（一）强化学生认识，巧妙提升学生兴趣

1.提升学生名著阅读的教学路径研究

大部分学生对名著的阅读兴趣不高，对名著的文学性不甚了解，这对学生的名著阅读有着较大的影响。只有学生具有兴趣，愿意主动去学习名著之中的内容，才能够从根源上解决名著阅读问题。在教学过程中，教师可以将自己树立为榜样，带领学生有针对性地进行阅读，还可以帮学生找出名著阅读之中的难点，以小组的形式进行深入研究，使学生能够有更多的兴趣去阅读。此外，教师也可以选取一些经典且有趣的段落来吸引学生阅读，让学生知道阅读这些名著有着较大的乐趣，吸引学生去阅读这些选段以外的其他内容。初中语文课本之中，选取了多部名著，其对学生都有着一定引导意义。

教师必须提升学生学习名著的热情和兴趣，并传授阅读技巧。在讲《从百草园到三味书屋》时，对比百草园的百般乐趣与三味书屋的枯燥，通过文章可以看出，儿童对于自由与玩耍的需求，教师在学生感到乐趣后进一步延伸，说明本篇文章是《朝花夕拾》之中的一部分，其中还有许多非常有趣的文章，学生可以自己去找这些文章进行阅读。在语文教材之中，课本最后都有"名著导读"部分，这是引导学生进行延伸阅读的重要路径。此外，在名著导读中，每部名著的内容和背景都有详细的介绍。在阅读这些名著时，要先使学生了解具体的背景，然后带着这些背景去进行阅读，这样能够更好地理解名著之中所表达的深层次的含义。

另外，在现阶段繁多的多媒体信息之中，有着非常多的资源能够被教学所使用，只要将其与教材内容结合，并利用到阅读知识的学习当中，在一定程度上会推进学生名著阅读的效果。在对学生进行名著教学的同时可以向学生推荐部分关于名著内容讲述的节目，如《子午书简》《百家讲坛》等，通过对此类节目的观看，学生的知识领域得以扩展，让学生了解课堂之外的名著知识，同时也让学生对名著阅读有了新的不一样的体验。近几年来，许多名著被拍成电视作品，像《水浒传》《西游记》《三国演义》等电视作品深受人们的喜爱。教师还可充分发挥学生对电影的爱好，向他们推荐由名著改编的电影如《阿Q正传》《鲁滨孙漂流记》等。学生在看电影或者电视剧的过程之中也能够充分地了解名著之中的内容。通过电影和电视剧也能够让名著之中的文字具象化，更有利于学生体会其中表达的意向。这种来自视觉、听觉的多媒体展示，也有利于学生在名著阅读时提升自己的想象力。然而，影视作品有时为了追求一定的效果或者导演的思想，有可能存在改编后与原文不符的情况，因此要正确看待影视作品。

教师可以借用媒体来激发学生的阅读兴趣，这将有助于提高其学习效率。当然，重视课堂评价可以激发学生对阅读的兴趣。只有学生对文学阅读感兴趣，才能展现出动力，所以他们才愿意花费大量的时间与经历去了解文学，去阅读名著。在每节课结束时，只有教师才会欣赏并激励学生学习，愿意带领其进行阅读。在课堂上的每次阅读活动之后，教师必须在小组和小组之间进行评价。无论是口头表扬还是物质奖励，都会产生让人意想不到的效果。教师还可以将尤其突出的优秀学生树立成模范标杆。每学期以阅读名著和文学知识竞赛等活动进行模范标杆的评选，这就促使学生更为努力地拓展自己的文学知识储备及增加阅读书籍的数量。

2. 提升学生阅读兴趣，老师应具备能力

（1）教师要有深厚的文学修养，增强学生阅读名著兴趣。有人说教师不仅是蜡烛，还可以是灯塔，也可以是其他，总之永远能照亮学生脚下的路。著名教育家朱永新教授表示，教师的兴趣和阅读水平直接影响学生的阅读兴趣和水平。首先，教师必须是语言的粉丝，拥有丰富的文化遗产和扎实的语言功底。教师"厚积而薄发"才能感染学生，对学生产生吸引力。通过这种方式，课堂上妙语连珠、侃侃而谈的教师一定会吸引学生的注意力。试想，一位思想深邃的教师怎能不感染学生呢？

（2）教师要酷爱阅读，博览群书，唤起学生阅读名著的兴趣。教师阅读不仅是教学生阅读的先决条件，也是整体学校教育的先决条件。为了让学生喜欢上文学，喜欢上名著，教师一定要是一个喜欢阅读的人，也应该是鼓励学生进入图书馆的领路人。这样的教师不会一味地增加学生的作业，只为提高学生在笔试试卷上的分数；也不会让学生去背诵枯燥无趣的古文而不针对学生对文章的理解进行讲解；而是爱好文学并且有着很高的文学素养的。他会为学生讲解文学著作中自己认为有趣并富含正能量的内容去感染学生，他会鼓励学生抛开现实的种种，真正走进名著中作者所处的年代，体会作者当时的情怀。这样，受到教师和文学启发的学生才会真正喜欢上文学，才会提高学生的阅读兴趣。

（3）教师用建构主义理论指导提高学生阅读名著兴趣。建构主义教师理论要求释放思想，改变自己的职能。教师在学习活动中的作用是协调和组织各种平台，为学生在学习过程中完成知识建构提供各种条件。教师不再传播知识，知识由学生自己学习，教师在学习活动中只是引导作用。建构意义的过程不受外部力量的控制和支配。教师不是学习活动的对象，而是组织者和协调员。组织工作包括组织学生团体、编写教辅资料、选择教科书以及创建良好的学习环境。教师调整主要体现在以下四个因素：①在阅读教学的早期阶段，教师应创造良好的情境，激发学生的学习兴趣，引起学生注意；②在个人建设阶段，教师应对学生的思考和选择给予信心，并支持学生进行自我的反思；③在合作学习阶段，教师必须认真听取学生的对话，参与对话，促进学生的发展，学习中所要得出的结果需要教师和学生之间的协调而定，而不是轻易得出结论；④在课程结束时，教师将要求学生复习课程，以便他们能够理解自己所思考的过程和课程，与此同时，教师不再向学生传达教科书观点和现有知识，而是作为学习者与学生一起总结。在与学生打交道的过程中，教师不断面对新知识和新问题。教师必须具备较高的教学技能和更广泛的思维。成功的教师并不总是充当令人信服的演讲者。但随着情境的变化，教师应改变心理结构并及时改变原有的固定角色，使学生能够应对持续的认知性学习。通过教学生如何科学地思考和更有效地学习，使学生可以继续从事长期的名著阅读活动，并建立新的知识结构，以获得更多的知识。

（4）教师要适时抓住有利契机，激发学生阅读名著的兴趣。教师应该鼓励学生对名著的阅读，同时和学生一起针对学生的不同性格特点推荐适合学生阅读的书籍。教师个人的文学素养是吸引学生对文学著作产生兴趣的重要因素，师生之间应该多沟通、交流，利用教师对文学的热爱去感染学生。文学色彩浓厚的教师会依据自身的经验对学生阅读的书籍进行定向选择。一般情况，男同学适合选择一些增长见识、可以锤炼自身男子汉气概的书籍，如《水浒传》《史记》《三国演义》等，了解我国的历史与传统文化，积聚正能量，做一个有责任、有担当的好男儿。女同学适合选择冰心等作家的文学作品进行赏析，学习作者所表达的细腻感情，认真体会生活的美好，做一个温柔、善良的女子。

（5）教师要教会学生品味名著，诱发学生阅读名著的兴趣。文学著作是多年来人类发展历史上各国人民创造的艺术珍品，是人类珍贵的宝藏。它也是一本视觉生活教科书。它源于生活而非生活，在特定时代反映了社会、阶层、民族等关系。文学著作是作者对当时社会所反映出的社会风貌、阶级斗争、人文情怀、生活百态做出的一个综合的总体描述。文学可以给予人们美好，展示人心的美丽并从灵感中受益，这都是从美好的愿景中引入的。读者可以从阅读中获得精神享受，也可以从教育的影响中体会情感思想。学生可以选择一些学生特点明显的书籍进行阅读，如《名人传》《格列佛游记》《汤姆·索亚历险记》《福尔摩斯探案集》《爱的教育》《西游记》《鲁滨孙漂流记》《尼尔斯骑鹅旅行记》，这些著作不但可以激发学生的学习兴趣，还可以通过文章中所传递的思想引导学生树立正确的社会认知。在学生阅读兴趣的培养方面，教师和家长可以参与阅读并为学生提供一个独立的空间来阅读书籍。对于学生名著阅读的选择，除了要给予正确的引导之外，还应该充分尊重学生的兴趣与爱好。不同的学生对于名著类型的喜好不同，教师要投其所好，为其推荐相应的名著，这样能够更好地吸引学生的阅读兴趣。

例如，《小小说》《奥秘》《科幻世界》等杂志，以有趣的内容吸引了大量初中生。《意林》《青年文摘》《读者文摘》等杂志，由于其寓意深刻，无论对阅读量的积累还是对写作素材的积累都有着重要的意义，因此其阅读人群也非常广泛。虽然这些内容不是名著，但是其中不乏一些名著的选段或者名著的深度分析，无论从学生阅读习惯的养成还是对阅读深度挖掘能力的培养，都有着重要的作用。

3. 优化教师的引导方法

相关调查结果显示，学生在就名著阅读这一问题上并没有固定的时间与阅读数量，每天的阅读也基本没有规律。与此同时，教师也没有很好地发挥其课堂主导的作用，每天课前的早读学生都是盲目进行诵读，并不是真正地理解所读内容的含义，这一现象是值得我们反思的。教师在文学阅读中的引导作用很重要，其要在课堂进行充分的准备工作。面对每部名著时，教师应该就其内容的理解找到简单易学的突破点，以便学生更易于学习和接受。比如，在《西游记》的教学中，故事情节跌宕起伏，内容过于复杂，每位主要人物在不同阶段都有不同的表现，这样学生很难抓住其重点内容。考虑到学生接触《西游记》主要是以电视开始的，那么可以在授课前先让学生讲解下电视剧中学生较为喜欢的故事和人物，以便吸引学生的学习兴趣，再依据学生的理解进行纠正与补充，加深其在学生脑海中的印象。

《西游记》是一部神魔小说，里面的人物关系复杂，人物形象各异，单单就其中一个或几个关键人物进行分析是不能完全调动起全部学生的注意力的。基于此，教师可以将班级内全部学生分成四个大组，以接力竞赛的形式进行对名著的描述。在竞赛过程中学生要依次说出故事的开端、经过和结局，以及参与的人物和人物的性格特点等，这些都是建立在对小说极度熟练的情况下进行的。学生年轻气盛，好胜心强，带着这些任务再去进行阅读会很好地提高阅读效率。在活动进行中，因为是以小组为团队的共同答题，这就给了小组成员之间互相补充的机会，同时让学生认识自己的不足并加以补充。这种做法在一定程度上提高了教学效率。当然，选择合适的名著进行阅读也是一门很重要的学问。世界名著有很多，其中不乏内容繁杂、题材无趣的书籍，如何选择一本适合自己的书籍对学生及其阅读效果来说是非常重要的。这就需要教师充分发挥其主导的作用，帮助学生做出选择。七年级的学生由于刚从小学阶段过渡过来，依旧保持着童心童趣，对新鲜事物比较好奇，这个阶段可以选取一些通俗易懂、活泼有趣的著作让其阅读，如《鲁滨孙漂流记》《汤姆·索亚历险记》《繁星·春水》等，尤其以四大名著中的《西游记》最受欢迎。再如，七年级语文课本中学到的名著章节都是与其课本内容息息相关的，便于刚接触名著这一阶段的学生的理解与学习。而升入八、九年级后学生已经有了一定的文学底蕴，积累了部分文学知识，这时候可以适当调节其阅读名著的内容及方向，选取部分难于以往所学知识的著作来学习，还可以初步了解下我国的国粹内容，如戏曲等，这都对学生的文学素养和日后的学习有着很大的帮助。

在提高学生阅读能力与阅读速度的过程中，教师应该大胆放手，给学生自主学习与阅读的机会。但是这一观点通常会被误解，很多教师会因此在学生阅读的道路上什么都不做，不予付出，只是一味让学生自己去摸索，这种做法是行不通的。教师可以放手让学生大胆尝试，但是前提是教师也应该做好充分的准备，在学生不能选择适合自己的名著时给出自己专业的分析意见。一本厚厚的名著拿在学生手里，他并不知道从何读起，更不知道该怎样去理解文章中的意思和作者所要表达的思想感情。这就需要教师依据自身的文学底蕴和知识储备帮助学生分析出文章中的重难点，并指出经典之处。一般文学作品都较为枯燥无味，只是单一阅读并不能真正理解隐含在文字背后的意思，教师应先将文章作者在写作时所处的年代和作者的相关经历告知学生，在此基础上学生才能更好地理解并掌握著作中作者所要表达的意思，从而更加喜爱阅读。比如，在学习《骆驼祥子》这一课时，在学生对文章内容进行阅读前，教师就会帮助其分析文章中主人公祥子之前是一个什么样的人？从哪些方面可以体现出来？后来又是什么原因导致他发生了怎样的变化？他变成了什么样的人？又有哪些体现？带着这些问题再对文章进行阅读后就会发现，作者所要表达的内容都可以在文章中有所体现。等到学生阅读过后，在文章中找到了相应问题的答案，整篇文章的整体思路也就逐渐清晰起来。这样的教学方式对学生阅读能力的提高有很大的帮助。

当然，还可以为青少年展示健康有用的阅读网站，如青少年读书网和中学名著学习网。为了使阅读成为一种持久的仪式活动，教师必须组织各种学生感兴趣的活动，给学生创造阅读环境，促使学生对名著的阅读。学生通过对名著的阅读对其中的人物或环节都会产生自己的思想，而学生之间可以针对同一部名著加以阅读后阐述自己的观点看法，允许出现不同的意见，允许相互辩论，这是一种可以扩展文学知识的好方法。教师还可以组织关于名著演绎的活动，倡导学生积极参加。学生可以将名著中自己喜欢的人物进行塑造并表演出来，还可以请其他学生作为评委对其表演进行点评，看看谁的表演最为符合人物的特性，谁对文章内容理解得更为透彻。还可以以竞赛的形式考查学生对文学知识的掌握程度。竞赛可以分为三个环节。

①参赛学生通过教师事先准备好的试卷进行笔试测验，并由教师进行评判，给出其所得分数。

②由其他未参加比赛的学生轮流出题，参赛学生可以通过抢答的方式获得答题的机会，答对可以积分，答错不扣分。

③给出一名著作者，学生根据对其的了解阐述其一生的主要经历，并对其所持有的思想看法做出讲解，最后就其著名的作品进行背诵与分析研究。

三轮过后，参赛学生累计分数最高的为获胜者。教师要予以相应的奖励，以示激励。除此之外，学生之间也可以自发举行以名著为主要内容的辩论赛，通过学生之间的交流与思想的碰撞，每个人都会有不同于以往的对文学知识的看法，这不仅增进了学生之间的友谊，更为其奠定了深厚的文学基础。

（二）构建名著阅读教学有效性的学习模式

学生因为课业负担较重，传统的名著赏析课程已经变成单纯读书的课程。课堂上学生不再思考文学作品中所要表达的思想含义，不再体会文章中人物的性格塑造，不再分析文章各部分环节的连接技巧与写作风格，只是一味地读书、背诵，这种枯燥死板的教学已经失去了开设名著赏析课的意义。因此，我们要改变这种学习模式，以教学有效性为目的构建一种新的教学模式。

首先，我们必须指导学生如何在课前学会欣赏文学作品，当学生尝试阅读名著时，我们要学习和使用各种阅读方法，以提高学生的学习动机、提高学生对名著作品的阅读能力、使其更多更广地积累阅读经验为目的。我们一步一步地与学生分享如何阅读，使每个学生使用这种方法。如果了解作者所处背景，那么对作者所写的文章的一般内容就有了初步了解。其次，学生必须合作阅读并参与课堂阅读，每个环节必须协作，沟通和竞争。当然，无论学生如何理解，我们都应尊重学生的意见。教师应提供适当的激励措施，以保持他们的信心和好奇心，通过精心设计课程，使学生提升自身的文学素养。然后让学生通过对名著中语言的欣赏来理解情感。在阅读书籍后，教师或学生可以组织学生找到类似的文章进行比较阅读。在比较过程中，教师要有针对性地对学生进行指导并提供及时可行的审核途径，充分认识到提高学生的语言识别和听力技巧以及阅读指南的好处。我国古典文学历史久远且内容丰富，学生学习时间有限，我们基于这些考虑适当地减少了原创性。教师减少阅读材料的文本或丰富的语言，以便学生能够感受到古典文学的悠久历史，以更好地推广传统经典。

语文课堂上在对《西游记》中"三打白骨精"这一章节进行讲解时，教师和学生有如下对话。

学生齐读《三打白骨精》章节。

教师：同学们，白骨精第一次出现变成了什么人？

学生：一个美丽的村姑。

教师：对，一个漂亮的村姑。那么，我们通常形容一个人长得美会有很多的词来描述，那么变成村姑的白骨精是如何被形容的呢？我们一起来看下视频。

播放视频。

教师：谁能说下描述白骨精的词都有哪些呢？

学生积极举手，教师点名回答问题。

学生：婀娜多姿、小家碧玉

教师：很好，那让我们一起来看下原著是怎么描述的吧。

出示原文，学生齐读。

学生：冰肌藏玉骨，衫领露酥胸。柳眉积翠黛，杏眼闪银星。月样容仪俏，天然性格清。体似燕藏柳，声如莺啭林。半放海棠笼晓日，才开芍药弄春晴。

教师：有的人读到此处会用一个"妙"字来形容，那么"妙"字到底妙到哪儿了呢？

学生："妙"可以表达出白骨精变化的村姑很是美丽。

学生："妙"也可以体现她美得很是独特。

教师：同学们说的都很好，那么大家把这种感觉带到文章中再阅读一遍，注意体会在这美丽的外表下白骨精那颗狠毒的心。

这种教学方式不仅可以教会学生如何分辨善恶，更让学生懂得美丽外表背后不一定是一颗善良的心。学生在对文章进行研读时，教师要求其要对自己不理解的地方做出标记，以便在教师讲解过程中更具针对性学习。根据格式塔心理学的异质回构理论，教师不该只一味让学生进行阅读，应该了解学生对文章的真实感受，体会学生对文学作品的不理解、不喜欢。只有这样教师才可以针对学生的困惑进行指导，以便于帮助学生解决问题。在帮助学生解决疑惑过程中，教师应该善于利用周围的一切工具，让学生自主发现与理解。可以引导学生利用网络、媒体、图片等工具对其存在困惑的地方进行查阅，只有通过自己努力得到的才是印象最为深刻的。在学生阅读的同时，教师应引导学生思考他们正在阅读的文章以及值得阅读的内容。这篇文章是什么？其主要讲的是什么？我们可以从中学到什么？教师可以从中得出学生理解困难的部分，并提供一个机会阐述一下阅读体验。教师和同学可以通过独特的步骤来分享他们必须理解的内容和他们不理解的内容并享受分享阅读的体验。

定期组织学生进行名著交流讨论会，时间和地点可以依照学生的具体情况而定，会议的主题与主要内容要针对学生对文学作品的具体理解而定，以吸引更多学生对名著的阅读兴趣、塑造更具文学素养的学风为主要目的。鉴于不同年级学生的文学知识储备有所不同，活动可以按照年级划分。初一年级的学生可以以讲故事的形式对名著环节进行阐述，因其刚刚由小学升入中学，对名著的阅读不是很多，但又有着对文学作品的好奇，可以通过故事分享的形式补充其文学知识的储备，吸引其对名著的热爱。初二年级的学生已经广泛接触到许多名著作品并对其有着一定的了解，这种情况可以把交流会议改为对著作内容的赏析与评价。学生依据自身对名著内容的理解加以阐述，并对其中有特殊形象的人物性格进行描述，学生之间还可以对其不同的观点进行辩论，使得交流讨论会更加有意义。教师在课堂中也应注意学生文学素养的培养。如在学习《钢铁是怎样炼成的》这一文章时，教师可以全程放手，让学生自主搜寻资料、整理资料，并对文章内容进行分析同时给出自己的观点。教师只要做好辅助指导工作以确保课堂学习的顺利进行。这样对学生的阅读能力与思维能力都有很大的帮助。

（三）创设良好名著阅读环境策略

创造良好的环境并开展文学著作阅读活动是阅读名著的好方法。皮亚杰是建构主义教育理论的发明者，他认为学习总是在特定的社会文化背景下进行，并强调语境在构建意义中的重要作用。生动而丰富的语境使学习者能够利用原始认知结构中的相关经验来吸收和推导当前新知识的学习，并对新知识给予新的理解。追求知识的内在愿望是每个身心发育正常的学生的标志。学生阅读文学著作并不困难，问题在于大多数教师、家长和学生对文学著作的理解都有错误的认识。大多数学生认为阅读经典作为一种调解和娱乐，一些教师和家长阅读流行作品作为提高他们的分数的手段。名著阅读很难在反映阅读的真正价值方面发挥作用。因此，学生应该有一个清晰、明朗的环境去好好体会文学著作的美好。只有当学生完全扩大阅读思维并开发自己的阅读和思考空间时，学生才能完成阅读任务。建构主义教育理论明确指出，在阅读的审美过程中，读者是阅读的对象。在阅读名著时，教师不能够进行过于直接的指导，要进行适当引导。当阅读著作时，学生们总是试图从作品中寻找乐趣的内容，这种趣味性与内涵的结合才是名著真正的魅力所在。学生们不喜欢机械复制和无聊的阅读，基于此，教师除了为其选择一些较为有趣的名著的同时，还应该为其建构舒适的阅读环境，避免其因无聊产生的厌烦心理。

1. 让学生到阅览室，尝试自主阅读名著

学生可以大致阅读文章，但隐藏在文章背后的深奥含义可能对于学生来说存在一定的难度。教师应该向学生讲解个别学生不易懂的地方，通过这种方式，学生的阅读能力能够得到有效提高。随着教师对学生的引导，学生会逐步认识到名著的思想深邃性。教师必须提前做好必要的准备，真正地理解名著所具备的思想，并将其呈现给学生。在阅读课程中应鼓励学生去阅览室阅读他们想要阅读的名著，这时应要求学生将感兴趣的内容进行摘抄，同时对整个文章的脉络以思维导图的形式展示。这会让学生充满热情的同时带着目标去阅读，能够获得更好的阅读效果。在此过程中，学生以自己的逻辑视角对文章进行了分析，并对其优秀的语言文字进行了学习，无论从整体还是从微观上都对学生有着良好的促进作用。长此以往，学生不仅会对文学著作产生浓厚的兴趣，更会准确地从中理解并体会出作者所要表达的含义与感情的寄托。学生对文学著作的热爱就是其对文学学习的源动力。与此同时，对各类名著的诵读与理解也会使学生在其写作与文字理解上产生很大的帮助，能够在一定程度上提高学生的成绩。这种现象不仅是师生之间合作的结果，也是学生独立学习和阅读的结果。正如

建构主义理论所指出的那样，教师是支持学生学习活动的高级合作者，教师必须设计一个开放和鼓舞人心的环境来激发学生的学习动机。而学生要学会辨别，创造更自由地独立思考的区域。在课堂上，教师也应该创造机会让学生能够自由表述其对文学著作的见解，并针对其看法予以鼓励，树立学生在此方面的自信心。同时，基于名著内容的教学，教师应引导学生分别从字、词、句来进行分析，以便于学生的理解，同时对学生自我梳理的结果进行点评。学生通过对文学著作的阅读进而培养对名著的热爱，养成阅读的好习惯，能够从中得到较大的收获。

2. 对名著中喜爱的部分进行记录，激励学生阅读

每个学生都必须有一份关于诵读名著的摘抄本，并以各种形式将自己喜欢的文学段落记录下来，写下自己对该内容的理解与心得体会。以摘录的形式写下他们的阅读经验。利用下午课余时间让学生阅读他们的摘录，并体会其对内容的理解，谈论他们的阅读经历，并进行小组相互评价。学生可以通过小组交流讨论分享自己对名著的感悟。教师也鼓励学生每周选出一篇自己喜欢的作品并添加部分自己的理解分享给班集体，将其整理好分发到每个学生手中。学生阅读自己推荐的文章，阅读自己写的评论，会非常有成就感。同时，学生更有兴趣阅读并向他人推荐好文章。

3. 进行名著阅读交流，提高名著阅读水平

学生自身的知识储备量不大，并且各有不同，因此根据学生个人经验建立知识体系肯定会有所不同。每个学生都有不同于他人的见解，这就需要学生之间及时交流以便相互补充，更加深入地理解名著中所要表达的含义。在教学活动中，教师应该明白学生必须以协作的方式进行交流和讨论，才可以超越他们自身对著作的理解，才可以理解事物的其他方面，并对自己的见解产生不同的看法，以便他们能够补充其思想上的不足。同时，在交流和阅读中，学生可以学习如何探索学习知识以及自我阅读能力的发展。

教师可以设计每周阅读和交流的课程，专门用于对名著的分析，学生可以阅读和交流。这样，学生就可以避免在阅读著作的过程中只是一味诵读而不进行思考。在课堂上，学生可以引进原创作品的阅读或介绍他们读同一作者的其他作品时的优点和缺点，并针对作者的写作手法与修辞手法及语言的运用进行交流学习。教师应该和学生一起，作为对文学作品的阅读者而不是以教师的身份对学生对著作的看法予以肯定或否定。在每周的名著阅读课中，学生应该作为课堂的主体，主动策划本节课的各个环节，教师只是起到一个引导指正的作

用，指出学生错误的观点并加以纠正。学生还可以邀请不同学科的教师来进行名著阅读课的旁听，同时发表自己的观点。不同学科教师对文学著作的理解也有所不同，多数教师的观点都与其自身专业素养有着很大的关联，这样学生在了解名著的过程中还可以从教师的观点中得到许多不同的理解，进而可以从多方面对名著进行更为透彻的理解。教师和学生往往通过增加生动的语言活动用以渗透阅读，以此来提高语言的质量，提高阅读经典名著的情感交流和学生的学习兴趣。

一般来说，学生在每天清晨的时候是最适合记忆的。课前的朗读时间，教师会指导学生对名著的经典内容进行朗读和背诵。通过这种方式学生可以增加自身的知识储备量，在以后的学习中对语言的理解和文章内容的把控都有一定的帮助。长此以往，学生会逐渐喜欢对名著的阅读，养成晨起阅读的好习惯，这对学生的文学素养的养成及其日后的学习都有着很大的帮助。

家长是学生的第一位教师，家庭是学生的第一所学校。除了学校活动，学生大部分时间都与家人在一起。相较于教师的教导，家长在教育孩子的诸多方面都存在着很大的优势。家庭教育的优点是教育多元化，无论在情感或是教育方面，学生与其家长都能更好地进行沟通。所有这些都为学生阅读名著创造了良好的条件。基于此，在学生对文学作品的阅读方面教师应该做好家长这一角色的工作，加深与学生的沟通，想学生所想。只有真正理解了学生的想法及其对名著的理解，才可以便于教师针对不同学生性格推荐适合学生阅读的著作。教师可以定期开展针对学生文学素养的提升的家长会，主要针对家长对学生阅读名著的帮助进行分析，让家长了解学生对文学著作的兴趣爱好的培养需要家长的配合与帮助。家长要做的不仅仅只是提供一定的物质基础，还需要给予学生更多的陪伴。在整个对书籍的选取、阅读、理解等过程中都要有家长的参与。在以往的经验中可以得知，大多数的家长只是一味关注学生的学习成绩而忽视了与孩子的沟通与陪伴，这种只问结果而不参与过程的行为会给学生的心理造成一定的影响，很多悲剧因此而发生。家长应该积极参与到学生的成长与学习中，为学生营造一个更为舒心的学习环境，以便其健康快乐地学习与成长。

教师应通过熟练掌握初学生的心理，了解学生的生活状态及环境，以此作为为其选择名著的标准。所选的书籍应该适合不同学生的性格及其不同的知识储备量，以便学生能够更好地理解著作中所要表达的情感思想。学生可以利用课余时间三五人凑在一起组成临时小组，针对各自不同的文章进行交流，以拓展各自的思维，促进学生对文学著作理解的加深。教师还可以针对学生的对名著的不同见解举办读书报告会。在活动中，学生可以就其自身对名著的理解进行阐述，也可以针对著作中部分情节或其中的某个性格鲜明的人物进行描述。教师做好组织、引导、纠正的工作，学生主要以交流、阐述为主，抒发自己对名著的看法与感情。这样一来，学生在无形中不仅增加了对名著的兴趣，还在一定程度奠定了文学素养，对日后的学习与发展都有很大的促进作用。

手抄报的内容简洁，理解起来也通俗易懂。优秀的诗歌和优美的句子可以用手抄报的形式表达，有些学生可能会因此受到启发，对阅读名著产生兴趣，甚至有部分学生会积极主动加入到手抄报的制作当中，以展示自己的才华。这样长此以往，学生的阅读经典的兴趣和写作水平也相应提高。

部分名著中的环节适合以故事的形式呈现出来。基于此，教师可以开展名著阅读故事会，组织学生针对自己喜欢的名著故事进行讲解。生动诙谐的故事会引起许多原本对名著并不感兴趣的学生的好奇，进而对著作有了新的认识。学生通过对名著中故事的阐述，在以往理解的基础上也会有一些新的认识，这样可以拓展学生对文学知识积累，使更多的学生对文学知识产生兴趣。

学生简洁的幽默故事，可以丰富学生们的生活智慧，很受学生的喜欢。虽然有些故事很简单，但意义非常深刻。教师可以要求学生选择自己喜欢的寓言来撰写节目。对于好的名著故事可以以剧本的形式记录下来，并组织学生进行演绎。这些活动不仅激发学生的兴趣，还可以使学生在以往对名著的理解的基础上有新的收获。通过对名著故事进行编排演绎，可以很好地检测学生对文学著作的理解。这一活动使得学生的组织能力，想象力和语言表达能力都得到了很好的发展。

因为各部著作都有着不同的社会背景与作者赋予的独特的情感，基于此，在对其进行点评时也会出现许多不同的看法与观点。学生因其自身的不同经历与生活阅历对同一部著作产生不同的观点也较为常见，因此，为了分析对错，进行名著的阅读讨论非常重要。在名著的阅读讨论中，学生们依据其自身的生活体验加之对作者及其所处社会背景的理解各抒己见，这不仅加深了学生对此部文学作品内涵的理解，更是增加了学生对文学作品的热爱

部分学生不能很好地弄懂文学作品的内涵及其所要表达的中心思想，对其社会背景及作者的思想和感情都不甚了解，因此需要开展社会研究小组，组织学生做一个小的研究课题。例如，读《繁星·春水》时，学生本身对其并不是很感兴趣，主要是因为学生对作者及其所处的社会背景都不甚了解。学生因其知识储备有所限制，本身对此类诗歌的理解并不多，无法真正体会诗歌的含义与美好。这本著作是冰心就其生活中发生的种种事情，对当时社会所呈现出的各种变动，以及对亲人朋友特殊感情的记录与感悟而书写出来的。其包含了太

多的世事变迁与世态炎凉。没有经历过真正生活疾苦的学生是不能体会其中的深意的。学生一直生活在家长的种种保护下，生活过得太过安逸，而冰心在此部著作中表达了很多诸如社会动荡、人生的挫折以及人情冷暖等方面的情绪，贴近当时真实的社会背景。但这些内容思想不积极、不容易被学生理解。我们不仅欣赏能够将残酷的现实生活成功解读的诗人，也要认识到其能够指引我们更好生活，让学生获得生活上的感悟，这也正是进行名著教学的意义所在。这一系列的诗歌创造了一种仇恨和斗争、混乱和悲伤、抑郁和焦虑情绪的复合体，在理解其真实的情感过程中，往往需要抽丝剥茧，逐步深入地去了解，难度较大。在阅读本书时，教师可以组织一个关于学生个性、童年和母亲主题的小型研究，以加深对教材内容的理解。

为缩小学生与学生之间的距离，教师可以引导学生学习现代诗歌的基础知识，为学生阅读和欣赏名家诗歌打下基础。教师还可以组织学生根据其最喜欢、最熟悉和最有能力的诗歌展开小组朗诵。这不仅可以提升学生对诗歌的兴趣，更是在一定程度上增进了学生之间的友谊，为日后共同的学习及相处打下了坚固的基础。

利用现代技术学习文学知识是一种现阶段较为可靠、便捷的方法。集合现代信息技术和名著教育就是一种很好的教育的新方法，如利用网络媒体，通过电脑、电视对经典名著进行阅读等，利用媒体手段使学生对其有深刻理解，从而对名著中的人物或故事情节有更加深刻的印象。学生通过媒体看到依照名著拍摄的影视剧，进而学会欣赏艺术作品，理解并体会名著中所要表达的思想感情，并快速了解其人物的性格特点。基于此，要鼓励学生多利用媒体来了解名著，要在欣赏过后学会记录下自身的体会与感悟。积极参加阅读古典名著的活动有利于学生更好地领悟名著作品，增加了学生阅读更多著名作品的热情。阅读不同的文学名著，体会不同的经典的效果，创造一个良好的环境，扩大自身对经典文学作品的阅读范围。学生还可以依据不同的文学名著创设自身的文学素养，选择适合自己的发展路径，依据对文学名著中故事环节的感悟，体会自身的生长环境，塑造健康的生活环境，体会更加精彩的人生。

参考文献

[1] 徐俭翠. 初中语文核心素养的课堂实践思考 [J]. 语文教学与研究，2017（29）.

[2] 邹子韬. 落实初中语文核心素养培养的方法 [J]. 中学语文，2017（15）.

[3] 宋甲. 注重核心素养培养提高阅读教学质量——初中语文核心素养下阅读教学几点感悟 [J]. 考试周刊，2018（35）.

[4] 孙佳琪. 语文核心素养视阈下初中语文新闻类文本教学研究 [J]. 环球市场信息导报，2018（21）.

[5] 吴丽华. 感悟语言　传承文化——语文核心素养理念下初中国学教育研究 [J]. 北方文学，2018（14）.

[6] 周红艳. 初中语文教学中学生语文核心素养的培养策略 [J]. 学周刊，2018（7）.

[7] 谢油奎. 初中语文教学中学生语文核心素养的培养策略探讨 [J]. 考试周刊，2018（52）.

[8] 杨桃. 基于语文核心素养的初中语文写作教学研究 [J]. 唐山文学，2018（8）.

[9] 张宏. 初中语文核心素养及其培养策略 [J]. 黑龙江科学，2017，8（23）.

[10] 雷建运. 在初中语文课堂教学中培养学生的语文核心素养 [J]. 教育界，2017（19）.

[11] 胡文凯. 以课外阅读促进初中语文核心素养的发展 [J]. 神州，2017（22）.

[12] 章美霞. 开展个性化阅读提升语文核心素养 [J]. 考试周刊，2018（39）.

[13] 冯辉龙. 浅谈培养初中生语文核心素养的途径 [J]. 考试周刊，2017（98）.

[14] 聂娇. 初中语文教学创新与核心素养的培养 [J]. 教师博览（科研版），2017（11）.

[15] 田佳星. 基于语文核心素养的初中阅读教学主问题设计研究 [D]. 温州：温州大学，2018.

[16] 左延慧. 语文核心素养视阈下的初中汉字教学研究 [D]. 芜湖：安徽师范大学，2018.

[17] 赵莹莹. 语文核心素养与初中语文教学改进 [D]. 西宁：青海师范大学，2017.

后 记

　　核心素养的概念提出后，基础教育领域展开了一系列的改革活动，语文核心素养的内涵与发展的研究也逐渐深入。大量研究发现，语文是核心素养要求最为迫切的学科，由于其涉及了价值取向方面的内容，对于学生的成长意义重大。初中语文作为承上启下的学科，不仅对于高中、大学乃至今后的学习生涯有着非常重要的作用，而且对其他学科核心素养的提升也有着促进作用。尤其是语文学科中丰富的中国古代文学知识，不仅语言华丽、内容翔实，更有着非常丰富的精神内涵。这些优秀的精神内涵与现阶段我们的社会主义核心价值观不谋而合，通过在知识教育阶段进行思想理念的传播是一种非常有效的素质优化方式。因此，对初中语文核心素养的内涵、评价策略、优化策略进行研究，有着意义深远，通过这三个维度的研究，能够取得一定的成果。

　　虽然现阶段核心素养的大体框架已经被提出，但是在核心素养视角下的具体工作模式仍然需要进一步研究，找出具体的教学模式以及学生的效果反馈。尤其是在核心素养内涵方面，目前尚没有统一的定论，且这方面的研究也是难度最大的工作。本书主要针对初中语文中重要的组成部分——作文教学、文言文教学、古诗词教学、名著阅读教学四个方面进行了深入的研究，从重要性、评价标准等方面来阐述其意义。通过将核心素养模块化分解的形式，对核心素养的综合概念进行了统一教学上的创新与改进。

　　当前的初中语文学科的核心素养培养方面存在着诸多困境，由于教学的目标发生了变化，这就使得随之而来的内容、原则、评价、策略等内容需要进行重新整理。本书并没有着眼于宏观，从国民教育发展的角度来分析，而是落实于细节，切实地指出了在核心素养视角下，教学工作究竟应该如何展开。在原则方面，主要从整体框架与方向入手，指出了教师教学的思考逻辑，为后期教师所需要采取的具体教学手段提供了思维边界。

　　在具体实施策略方面，无论是在具体哪个方面，均遵循由知识转变为思想、将课堂还给学生的思路。将学生与知识的学习与中华民族博大精深的传统文化结合起来，通过优秀的文化内涵对学生进行引导，将理论性质的知识灵活地应用在实际生活之中，帮助学生培养良好的品格，实现国民综合素质的提升。长久以来，学生在课堂之中都处于被动的状态，教师将提前准备好的知识进行教授，在这个过程之中学生缺少了主动探索的过程，造成了学生主动解决问题的能力弱化，缺乏了一定的创新精神。我国近年来一直在强调创新，这与大量学生思维之中缺乏这方面的意识密不可分，这种思维惯性的调整必须从基础学科做起、必须从低年级做起。